Rolf Krenzer

Die Osterzeit im Kindergarten

Texte, Lieder, Spiele, Bastelvorschläge

Edition Kemper
im Verlag Ernst Kaufmann

CIP-Titelaufnahme der Deutschen Bibliothek

Krenzer, Rolf:
Die Osterzeit im Kindergarten: Texte, Lieder, Spiele,
Bastelvorschläge / Rolf Krenzer.
[Die Zeichn. stammen von: Barbara Daling...]. –
6. Aufl. – Lahr : Ed. Kemper im Verl.
Kaufmann, 1990.
    ISBN 3-7806-0908-8

6. Auflage 1990
© 1984 by Verlag Ernst Kaufmann, Lahr
Alle Rechte vorbehalten
Hergestellt bei Präzis-Druck GmbH, Karlsruhe
Die Zeichnungen stammen von: Barbara Daling, Dagmar Domina,
Anne Röhnisch-Dannehl und Erna de Vries
Umschlaggestaltung: JAC unter Verwendung einer Zeichnung
von Anne Röhnisch-Dannehl
ISBN 3-7806-0908-8

Vorwort

Die Sammlung bietet eine Fülle neuer und erprobter Vorschläge für die vor-österliche Zeit im Kindergarten. Neben Texten, Liedern und Spielen findet man zahlreiche Bastelvorschläge. Ebenfalls wird auf die unterschiedlichen Mög-lichkeiten, Ostereier anzumalen, eingegangen. Dazu kommen einfache Oster-eierrezepte, die man mit Kindern ohne großen Aufwand im Kindergarten aus-probieren kann.

Neben vielen Angeboten zum österlichen Brauchtum mit Ostereiern und Oster-hasen wurden Texte und Lieder zur Passionszeit und zu Ostern in christlicher Sicht aufgenommen. Alle diese Beiträge sind so ausgewählt, daß sie spontan eingesetzt werden können. Sie sollen Erzieher anregen, die hier gemachten Vorschläge selbst zu variieren und im gemeinsamen Tun mit den Kindern, beim Erzählen, Basteln, Singen und Spielen kreativ neu zu gestalten. Alle Angebote dieser österlichen Sammlung können beliebig verändert und ausgetauscht wer-den, denn jeder Kindergarten, jeder Erzieher hat oder entwickelt seinen eigenen Stil. Besonders wurde darauf geachtet, daß die Sammlung auch Vorschläge enthält, die bereits mit Dreijährigen ausgeführt werden können. Wichtige christ-liche Glaubensinhalte können beispielsweise in der sprachlich einfachen Form der hier aufgenommenen Lieder Kindern verständlicher gemacht werden.

Weitere inzwischen veröffentlichte einfache Osterlieder findet man in der Lieder-sammlung „Das große Liederbuch von Rolf Krenzer – 135 religiöse Lieder für Kindergarten, Schule und Gottesdienst", Lahn-Verlag, Limburg, sowie auf den Musikcassetten „Von Jesus will ich singen" und „Ich schenk' dir einen Sonnen-strahl", beide Peter Janssens Musik Verlag, 4404 Telgte.

Inhalt

Österliches Brauchtum 5

Allerlei Basteleien und Vorbereitungen für Ostern 6

Färben und Verzieren von Ostereiern 19

Eiergerichte, mit Kindern gekocht 23

Gedichte und Reime von Osterhasen und anderen Hasen 30

Osterhasen- und Ostereierrätsel 36

Fingerspiele 40

Kreis- und andere Spiele 46

Rollenspiele 52

Geschichten von allen möglichen Hasen 64

Lieder und Spiellieder 80

Texte zur Passion und Auferstehung Jesu 95

Lieder zur Passion und Auferstehung Jesu 114

Kleine Rollenspiele zur Passion und Auferstehung Jesu 130

Österliches Brauchtum

Mit Ostern ist die Zeit des Winters endgültig vorbei. Die enge Verbindung des österlichen Brauchtums mit der Natur wird besonders in ländlichen Bereichen deutlich. Da werden überlieferte alte Regeln bis zum heutigen Tage befolgt. Osterfeuer werden angezündet. Mädchen gehen vor Sonnenaufgang hinaus, um das Osterwasser zu schöpfen. Wenn es ihnen gelingt, schweigend diesen Weg zu unternehmen und vor dem ersten Schluck kein einziges Wort zu sprechen, glauben sie daran, daß dieses Osterwasser sie schön macht und gesund erhält. Mit dem Osterwasser wäscht man auch den Kühen die Hälse und glaubt, sie auf diese Weise vor Seuchen zu schützen.

Vordergründig aber spielen Ostereier und Osterhasen Hauptrollen. Das Osterei hat diese Bedeutung wohl davon erhalten, daß es in vielen Kulturen als Symbol des neuen Lebens angesehen wird und deshalb die Verbindung zur Auferstehung Christi nahe lag. Bevor das Geld als Zahlungsmittel eingeführt wurde, wurden auch Eier als Zins und Pacht der abhängigen Bauern angenommen. Rohe Eier konnte man länger aufheben als gekochte. Um sie voneinander zu unterscheiden, färbte man die gekochten Eier und schmückte sie als Festgeschenke mit besonderen Mustern, aber auch mit bunten Bändern und Zweigen. Ja, man schuf sogar kostbare Eier aus Wachs, Marmor, Edelsteinen und Perlmutter. Prächtig ausgestattete Pappeier verbargen kostbare Inhalte. Bis heute sind Papp- oder Schokoladeneier mit Pralinenfüllungen und viele andere süße Eier, die alle zu Ostern angeboten werden, bekannt.

Besonders in den östlichen Ländern Europas wird das Osterei zum Symbol für christliche Inhalte (Erneuerung der Welt, Überwindung des Todes durch Jesus Christus, Auferstehung). So wurden uns zu Ostern in den Moldauklöstern in Rumänien ganz besonders kunstvoll gestaltete farbige Eier mit Segenswünschen von Mönchen angeboten. Aus Rußland ist ein uralter Brauch bekannt, der erst in unserem Jahrhundert verfiel: Vor Ostern wurden viele Eier rot gefärbt. Und jeder schenkte am Ostermorgen einem anderen, der ihm begegnete, sein rotes Ei, küßte ihn und wünschte ihm gesegnete Ostern. Mit der Geste des Eischenkens wurde ausgedrückt: ,,Freue dich! Christus ist auferstanden!'' Wie stark die Sinnbilder des Frühlings und der keimenden Erde inzwischen im christlichen Glauben verwurzelt sind, wird deutlich, wenn in manchen Gegenden Osterhasen und Ostereier im Schein der Osterkerze an den Stufen des Altares gesegnet werden.

Vielfach wird der Hase als Symboltier der Fruchtbarkeit verstanden. Hierauf weist beispielsweise auf einem Flügel des Hochaltars des Freiburger Münsters von Hans Baldung Grien der kleine Hase bei der Begegnung der beiden Frauen Maria und Elisabeth hin, die beide schwanger sind (1516).

Heiligenatribut ist der Hase bei Martin von Tours. Der Heilige Martin soll nach der Legende den Hasen vor Verfolgung durch Jäger und Hunde geschützt haben.

Zum Ostersymbol im Volksglauben wurde der Hase im Mittelalter. Weil er wegen seiner fehlenden Augenlider die Pupille beim Schlafen nach oben schiebt, nahm man an, daß er überhaupt nicht schlief. Es ist auch möglich, daß der der angelsächsischen Frühlingsgöttin Ostaria geweihte „heilige" Hase das Vorbild unseres Osterhasen war.

Schon früher wurden Osterbrote in der Form von Hasen gebacken, ebenfalls Hasen-Bildbrote. Wir kennen auch heute noch Backformen für Osterlämmchen und Osterhasen, Ostergebäck, das in vielen Familien Jahr für Jahr zu Ostern hergestellt wird. Da die Osterbrote ebenso wie gekochte farbige Eier mit dem Zins verbunden waren, liegt hier wahrscheinlich auch der Ursprung des Osterhasen, der in der Lage sein soll, farbige Ostereier just zum Osterfest in den Gärten, in Wald und Feld und bei Regenwetter auch im Zimmer zu legen. Ihm werden dann auch die vielen Zucker- und Schokoladeneier noch untergeschoben. Kinder haben jedenfalls am Eieranmalen, am Verstecken und Suchen und an vielen Spielen mit Eiern sowie Basteln von Osterschmuck viel Freude.

Allerlei Basteleien und Vorbereitungen für Ostern

Neben dem Färben und Anmalen der Ostereier können Kinder auf verschiedenste Weise bei den Vorbereitungen für das Osterfest helfen und sich freuen, wenn sie z. B. in der Gruppe und in der Familie einen Osterstrauch schmücken, die erste kleine Wiese, die Osterwiese, anlegen oder Ostereier backen. Es folgen nun eine Reihe alter und neuer Vorschläge, die sich leicht in die eigene Praxis umsetzen lassen.

Kleine Vasen für die ersten Frühlingsblumen

Wir schneiden mit der Schere vorsichtig die obere Hälfte eines ausgeblasenen Eies weg. Jetzt kneten wir Wachs weich und fassen damit den Rand ein. Er kann auch ohne Wachs bleiben, wenn man die kleinen Unebenheiten in Kauf nimmt. Mit Klebwachs können wir die kleine Vase auf einem bunt bemalten oder beklebten Bierdeckel befestigen. Dann wird die kleine Vase noch bunt bemalt. Man kann sie mit etwas Moos, mit Gras oder mit den ersten Frühlingsblumen füllen.

Wir können aber auch ein buntes Osterei mit dem Messer aufschlagen. Dann essen wir das Ei aus der Schale und haben dann bereits die kleine farbige Vase, die wir nur noch zu befestigen oder in einen kleinen Blumentopf mit Erde stellen brauchen.

Osterwiese auf der Fensterbank

Wir brauchen Humuserde und Grassamen.
Die Vorbereitungen beginnen vierzehn Tage vor Ostern. Wir füllen Teller oder
Schalen mit Humuserde (Blumentopferde). Anschließend säen wir Grassamen
ganz dicht auf die Erde und drücken ihn mit der flachen Hand fest.
Die Teller stellen wir am besten auf die Fensterbank. Hier erhalten sie genügend
Wärme und Licht.

Wenn die Erde täglich mit Wasser besprengt wird, wächst sehr schnell ein dich-
ter Rasen. Ostern können dann die bunten Ostereier in die kleine Osterwiese
gelegt werden.

Ostereier backen

Wirklich, man kann auch Ostereier backen! Das Rezept ist einfach und kann mit wenig Aufwand in der Gruppe durchgeführt werden:

1/2 Pfund Butter wird mit 1/2 Pfund Zucker und abgeriebener Zitronenschale schaumig gerührt. 1 Pfund Mehl, unter das ein Teelöffel Backpulver gemischt wurde, wird langsam dazugegeben. Wir kneten den Teig zu einem Kloß und rollen ihn dann aus. Nun können runde und ovale Eier ausgestochen werden, dabei gibt es viele Formen, die sich verwenden lassen. Aus den Teigresten können wir noch kleine Osternester formen. Im mittelheißen Ofen werden die Eierplätzchen auf dem gefetteten Backblech goldgelb gebacken und nach dem Backen bunt bemalt.

Gutschmeckende Farben werden wie folgt hergestellt:

Braun: Schokoladenglasur aus 100 g Puderzucker, 20 g Kakao und einem Eßlöffel zerlassenem Pflanzenfett

Rosa: 100 g Puderzucker und drei Eßlöffel Himbeersaft

Gelb: 100 g Puderzucker und drei Eßlöffel Orangensaft

Grün: 100 g Puderzucker und drei Eßlöffel Waldmeistersirup

Blau: 100 g Puderzucker und drei Eßlöffel Heidelbeersaft

Weiß: 100 g Puderzucker und drei Eßlöffel Wasser

Mit Liebesperlen oder buntem Zucker lassen sich zusätzlich noch hübsche Muster in die noch nicht getrocknete Glasur einlegen. Die Osterplätzchen können auch an den Osterstrauch gehängt werden.

Osterhasenhaus

Wir brauchen eine große runde Käseschachtel. Sie stellt der Garten dar, der von einem Zaun umgeben ist. Damit man auch in den Garten hinein kommt, schneiden wir ein Stück des Randes als Tor aus. Nun malen wir ein hartgekochtes Osterei wie ein richtiges kleines Haus an. Das Ei bekommt Fenster und eine Tür. Wir können auch die obere Spitze blau oder rot anmalen, so daß das Haus ein rundes Dach hat. Ein „Flachdach" kann aus einer Papierscheibe entstehen, die oben aufgeklebt wird. Zwei kleine Papierblätter gegeneinander gestellt und am

Ei festgeklebt ergeben ein schräges Dach. Jetzt legen wir in der Käseschachtel einen richtigen kleinen Garten an. Wir bestreichen zunächst den Boden mit Alleskleber und streuen Sandwege darauf. Moos und Erde stellen die Beete und die Wiese dar. In die Wiese können noch bunte Stecknadeln oder Papierblumen gesteckt werden. Sogar eine kleine Treppe können wir aus Papier knicken. Mitten in das Moospolster hinein stellen wir dann unser Osterhasenhaus.

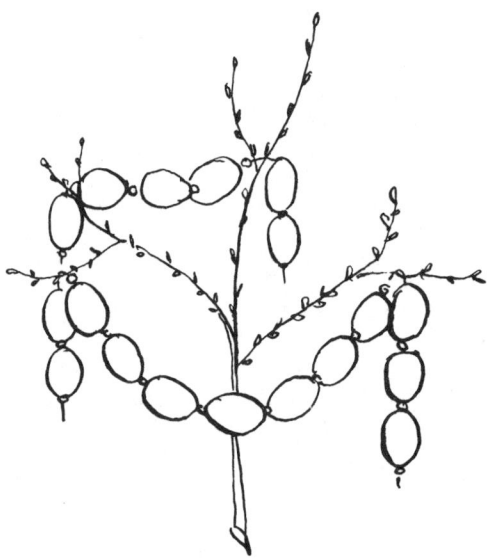

Ostergehänge

Wir brauchen ausgeblasene Eier, die bunt angemalt und mit unterschiedlichen Mustern versehen werden können. Mit einer langen Stopfnadel wird dann buntes Garn durch das Ei gezogen. Damit das bunte Ei fest sitzt, befestigen wir an dem einen Ende des Garns eine Perle. Sie muß so groß sein, daß sie nicht durch das Loch des ausgeblasenen Eies hindurchrutschen kann. Nun kommen an das Garn noch mehr Eier. Drei, vier, sechs, ja sogar zehn und noch mehr können hintereinander aufgezogen werden. Das Ostergehänge können wir an die Wand, an einen vorher gebundenen Reifen, an einen grün oder bunt angemalten Holzkleiderbügel oder an einen grünen Zweig hängen. Der Zweig wird in eine große Vase gestellt, ein gebundener Reifen mit dem Ostergehänge kann an der Zimmerdecke oder an der Lampe aufgehängt werden. Die Osterkette an einem Nagel an der Wand bewegt sich beim Türöffnen leicht.

9

Osterhasen aus Walnußschalen

Wir brauchen große und kleine Walnußschalen, etwas Packpapier, Watte, Alleskleber und einen schwarzen Filzstift.

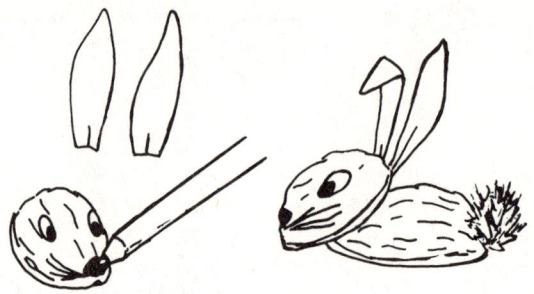

Zunächst suchen wir uns eine große Walnußschale aus. Sie stellt den Körper des Häschens dar. Ein kleiner Wattebausch wird als Schwänzchen angeklebt. Eine kleine halbe Walnußschale ist der Kopf des Häschens. Wir malen mit schwarzem Filzstift Augen, Mund und Schnurrbarthaare auf. Dann schneiden wir aus Packpapier zwei Hasenohren aus und kleben sie am Kopf fest. Zum Schluß kleben wir mit Alleskleber den Hasenkopf an den Körper, und fertig ist der Osterhase. Es können so ganze Hasenfamilien entstehen: Osterhasen für das Osternest oder das Osterhasenhaus, Hasen für ein Hasen-Mobile, Anhänger für den Osterstrauß oder lustiger Tischschmuck für das Frühstück am Ostermorgen.

Eierköpfe

Ausgeblasene oder gekochte Eier werden mit Gesichtern bemalt. Damit sie gut auf dem Tisch, auf der Fensterbank oder im Osternest stehen können, setzen

wir die angemalten Köpfe auf einen runden Hals aus Wellpappe, den wir vorher gerollt und zusammengeklebt haben. Sie können aber auch in den entsprechend ausgeschnittenen Vertiefungen eines Eierkartons oder auf einem Teil einer bunt beklebten Toilettenpapier-Innenrolle gesetzt werden. Die Eierköpfe können nach dem Bemalen noch mit Buntpapier, Stoffresten, Pappe usw. geschmückt werden. Der Chinese kann einen runden Papphut bekommen, der Osterhase zwei lange Pappohren, der Indianer einen Stirnreif mit einer Feder, Hahn- und Hühnerkämme aus rotem Filz, der Räuber einen Räuberhut und der Kasper eine Kaspermütze (eine bunte kleine Papiertüte). Man kann auch die eigene Familie in Form von Eierköpfen darstellen. Wollfäden werden dann als Haare aufgeklebt. Die Oma bekommt z. B. weißes Wattehaar und der Opa einen kleinen Haarkranz rund um die Glatze.

Osterbaum

Wir brauchen einen Blumentopf mit Erde, Moos, Leisten, Zweige, Bindfaden und ausgeblasene und bunt angemalte oder verzierte Ostereier. Wir kleben mit Alleskleber oder Holzleim die Leisten zu einem kleinen Baum zusammen und stecken diesen in die Erde des Blumentopfes. Dazu stecken wir noch einige Zweige und decken die Erde mit Moos ab. Dann hängen wir die Ostereier an dem Osterbaum im Blumentopf auf.

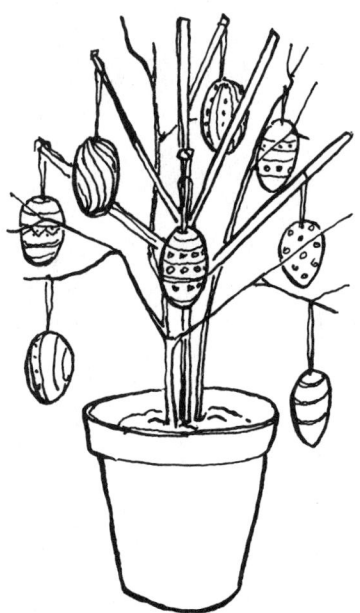

Ostersträuße

Mit bunten Eiern behängte Sträuße gibt es in vielen Variationen. Ausgeblasene Eier lassen sich mit Buntstiften, Filzstiften, Wachsmalstiften oder Wasserfarben bemalen oder mit Buntpapier bekleben (s. Seite 19 ff.). Mit einem Hölzchen/Stück vom Streichholz – wird das Ei an einem Bindfaden befestigt, d. h. das Hölzchen wird vorsichtig in die Öffnung des Ei's eingeführt, stellt sich im Innern quer und hält das Ei am Faden fest. Man kann auch bunt bemalte oder beklebte, aus Pappe ausgeschnittene, Eier an die Zweige hängen.

Osterpyramide

Wir fertigen zunächst ein Gestell aus festen Rundholzstäben an, deren Durchmesser nicht dicker als ein Finger sein sollte (s. Abb.). Die Querbalken werden mit kleinen Nägeln oder mit Draht befestigt. Anschließend wird das Gestell mit Buchsbaumzweigen umwunden. Dann stellen wir es in einen großen Blumentopf oder in eine gut abgedichtete Holzkiste, die mit Kies und feuchter Erde gefüllt ist. Gegebenenfalls können darin erste Frühlingsblumen noch zusätzlich gepflanzt werden. Die Pyramide kann auch auf einem stabilen Brett mit einem entsprechenden Loch oder in dem Weihnachtsbaumständer befestigt werden.

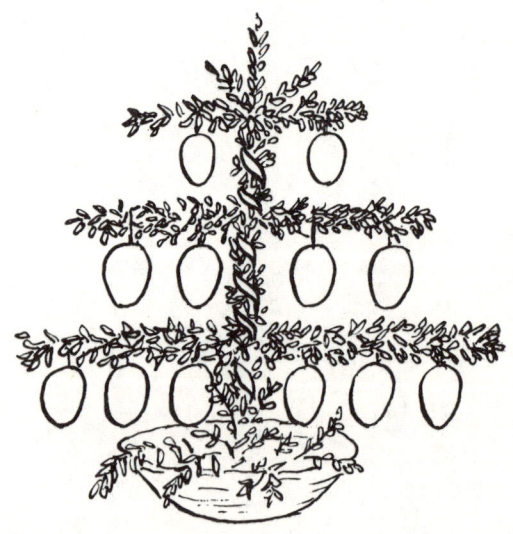

An die Zweige der Osterpyramide werden dann die bunten und verzierten ausgeblasenen Ostereier gehängt. Hinzu können Häschen und Hühnchen aus Holz kommen, gebackene Ostereier (s. Seite 8), Ostereier aus Pappe usw.

Ostereier-Blumenstrauß

Wir brauchen Blumenstäbchen aus Dübelrundholz oder Tongkingrohr (in Kaufhäusern und Blumenläden erhältlich). Wenn sie nicht bereits angemalt sind, färben wir sie mit grüner Deckfarbe oder Plaka. Nun stecken wir farbige ausgeblasene Ostereier auf die Stäbchen. Jedes Stäbchen erhält ein Osterei. Damit es nicht nach unten rutscht, binden wir ein farbiges Band darunter fest. Dann stellen wir die Ostereier-Blumen in eine große Blumenvase.

Osterkranz

Wir ziehen ausgeblasene farbige Ostereier auf einen Draht (etwa 50 cm). Zwischen den Eiern befestigen wir farbige Holzperlen. Dann wird der Draht vorsichtig zu einem Kreis gebogen, wobei die beiden Drahtenden miteinander verbunden werden. Papierblumen, buntes Osterpapier können weiteren Schmuck dieses Osterkranzes bilden, der an der Decke aufgehängt oder am Ständer des Adventskranzes befestigt wird.
Der Draht sowie der Ständer kann noch mit bunten Bändern umwunden werden.

Eierbaum aus Eierkartons

Wir brauchen zwei Eierkartons, einen Stab, z.B. den Ständer vom Advents-
kranz, Schere, Bindfaden und Borte und buntbemalte oder mit vielen Mustern
versehene Ostereier.

Zunächst schneiden wir aus dem einen Eierkarton einen Kreis aus, etwa so groß
wie ein Eßteller. Aus dem zweiten Eierkarton wird ein weiterer, aber wesentlich
kleinerer Kreis ausgeschnitten. Beide Tabletts werden von beiden Seiten mit
Deckfarbe bunt angemalt und anschließend mit Sprühlack lackiert. Nun stek-
ken wir den Ständer durch die Mitte der beiden Tabletts und befestigen mit
Borte und Bindfaden das kleinere Tablett so, daß es waagrecht über dem größeren hängt. Das größere Tablett kann auch aufgehängt werden, wenn beispielsweise der Ständer unten einen guten Standboden hat oder in einem Blumentopf oder einer Schale steckt, die mit Erde und Kies gefüllt ist. Es kann aber
auch direkt auf dem Tisch aufliegen.
Auf dem Eierbaum finden auf beiden Ebenen unsere Ostereier ihren Platz, aber
auch aller sonstige österliche Schmuck und viele kleine Bastelarbeiten, die
nach und nach in der Zeit vor Ostern entstehen.

Eiketten

Wir brauchen lange Seidenbänder in unterschiedlichen Farben. Auf diese Bänder ziehen wir ausgeblasene farbige oder mit Mustern versehene Ostereier auf. Zwischen den Eiern wird immer ein Knoten in das Band geknüpft.

Eierkarton-Hühner

Wir brauchen leere Eierkartons, Kleister, Farben und farblosen Lack.
Zunächst wird der Eierkarton in heißes Wasser eingeweicht, danach in kleine Stücke zerrissen. Zusammen mit dem Kleister wird dann alles zu einem Brei geknetet, aus dem jeder ein Eierkarton-Huhn formen kann. Wenn alles richtig getrocknet ist, wird das Huhn bunt angemalt und mit farblosem Lack überzogen. Wenn wir beim Formen darauf achten, daß eine schöne Vertiefung auf dem Hühnerrücken entsteht, können wir dorthinein später zwei oder drei Ostereier legen.
Aus Eierkarton lassen sich ebenfalls Osternester, aber auch Eierbecher nach dem gleichen Verfahren herstellen.

15

Eierbild

Ein Eierkarton, rund, oval oder eckig etwa tellergroß ausgeschnitten, kann die Grundlage für unser Eierbild sein. Wir können ihn mit Deckfarbe bemalen und lacken, können ihnen aber auch in seiner Farbe belassen. Nun werden ausgeblasene farbige Ostereier mit Alleskleber in die Vertiefungen des Kartons geklebt. Sie können zusätzlich mit bunten Wollfäden, mit winzigen Filz- oder Stoffresten, mit Kordel-, Bast und sonstigen Materialresten beklebt werden. Rundherum wird zum Schluß noch eine Zackenlitze oder Borte befestigt und verknotet. Dann kann das Eierbild mit dem Knoten an einem Nagel aufgehängt werden.

Osterfenster

Ostermotive, z. B. Osterhasen, Ostereier im Nest, Frühlingsblumen, österliche Erlebnisse lassen sich mit Fingerfarbe als Gemeinschaftsarbeit an die Fenster malen. Nach Ostern läßt sich die Fingerfarbe leicht mit einem Schwamm und klarem Wasser wieder entfernen.
Wir können auch aus Transparent- oder Seidenpapier oder buntem Geschenkpapier Motive ausschneiden und mit Tesafilm am Fenster befestigen. Besonders durch das Übereinanderkleben verschiedener Farben beim Transparentpapier ergeben sich sehr schöne Färbungen, die dann besonders auffallen, wenn die Sonne ins Zimmer scheint.
Mit Watte und Nagellackentferner lassen sich Fenster später wieder leicht reinigen, so daß keine Spuren zurückbleiben.
Am Fenster können auch mit Fingerfarben Szenen aus der Passionsgeschichte gemalt werden, z. B. Jesus auf dem Esel, Kinder winken mit Palmzweigen.

Häschen im Nest

Hierzu färben wir die Ostereier mit Zwiebelschalen. Wir kochen sie in einem Sud aus Zwiebelschalen und einem Schuß Essig (s. Seite 19). Dabei achten wir darauf, daß das braune Wasser mit den Schalen die Eier richtig bedeckt. Wenn sie

braun geworden sind, lassen wir sie abkühlen und malen ihnen mit schwarzem Filzstift Augen, Näschen, Mund und vielleicht auch noch ein paar Barthaare. Aus Packpapier oder braunem Buntpapier kleben wir die Ohren an. Das

Schwänzchen kann aus Papier, aber auch aus Watte sein. Dann setzen wir die Häschen in einen Teller oder ein Körbchen, das wir vorher mit grünem Papier, mit Ostergras oder mit Moos ausgestaltet haben.

Ostermobiles

Wir schneiden aus Papier ein Huhn doppelt aus. Dazu noch drei Eier. Nun malen wir alles an. Die Eier werden selbstverständlich bunt bemalt.

Dann brauchen wir einen Faden, der zwischen den Papierteilen in der Mitte liegen muß, bevor wir sie mit Alleskleber oder Papierleim aufeinanderkleben. Wenn dann der Aufhängefaden an der Decke vor dem Fenster, neben der Tür oder sonstwo im Raum befestigt wird, dreht sich das kleine Mobile beim geringsten Lufthauch. Es brauchen aber nicht nur Hühner-Mobiles zu sein. Ebenso schön werden Osterhasen mit bunten Eiern… oder andere Vögel, die Eier legen.

Osterhasen-Eierhäubchen

Wir schneiden aus doppelt liegendem farbigem Filz die Umrisse eines Hasenkopfes mit langen Ohren aus, groß genug, um die Teile später über ein Ei im Eierbecher stülpen zu können. Vorder- und Rückenteil müssen ganz genau aufeinanderpassen.

Ganz nahe an den Schnittkanten kleben wir nun mit Alleskleber die beiden Teile zusammen, achten aber darauf, daß unten die Öffnung für das Ei nicht zugeklebt wird. Mit trockenen Fingern sollten die Klebestellen möglichst lange zusammengedrückt werden.

Wer es noch fachgerechter machen will, kann den kleinen Filzhasenkopf noch mit technischem Filz füttern. Dann bleibt das Ei darunter lange Zeit warm. Das Osterhasengesicht kann dann mit Augen, Nase und Mund aus farbigem Filz beklebt werden. Man kann auch ganze Hasen als Eierhäubchen ausschneiden oder Osterküken.

Osterglocke

Wir bemalen einen kleinen Blumentopf mit Deck- oder Plakafarbe mit schönen Mustern und lackieren ihn anschließend. Dann befestigen wir eine dicke Holzperle an einem Bindfaden. Sie wird der Klöppel der Osterglocke sein. Wir können auch zwei oder drei Holzperlen zusammenbinden. Jetzt führen wir den Faden durch die obere Öffnung des Blumentopfes und binden am Ende eine Schlinge. Der Faden ist etwa so lang wie der Blumentopf selbst. Nun biegen wir Draht etwas und führen ihn durch die Öffnung am Topfboden und verknüpfen ihn mit der Schlinge des Bindfadens. Damit hängt die Osterglocke am Draht. Vor Ostern können viele Osterglocken überall im Raum aufgehängt werden. Ganz kleine Osterglocken passen auch an den Osterstrauch.

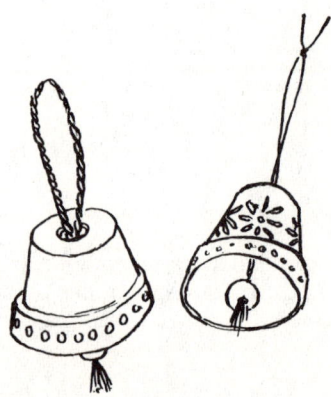

Färben und Verzieren von Ostereiern

Das gemeinsame Anmalen und Färben der Ostereier macht in der Gruppe viel Spaß. Ungiftige Ostereierfarben werden als Tabletten und Pulver angeboten, dazu Abziehbilder, die anschließend auf das abgetrocknete farbige Ei noch aufgeklebt werden können. Auch spezielle Eiermalstifte gibt es im Handel. Viele müssen direkt auf das gekochte heiße Ei aufgetragen werden, schmelzen schnell und sind für Kinderhände nicht sehr zu empfehlen. Vorzuziehen sind jedenfalls die Farben, die in Wasser aufgelöst werden. Wenn die heißen Eier in das entsprechende Farbenbad getaucht wurden, werden sie anschließend noch mit einer Speckschwarte abgerieben, damit sie ordentlich glänzen. Nach unseren Erfahrungen macht aber das Ostereierfärben- und anmalen nach den von unseren Urgroßeltern und ihren Vorfahren praktizierten Methoden viel mehr Freude. Deshalb werden einige dieser Techniken hier vorgestellt. Techniken, die bereits im Kindergarten verwandt werden können.

Färben mit Papierblättern

Bunt bedruckte Spezialpapierblätter zum Eierfärben sind im Handel erhältlich. Diese Blättchen werden um das Ei gewickelt und festgebunden. Dann wird das Ei im Wasser gekocht. Wenn später die Blätter abgenommen werden, zeigt das Osterei eine bunte Musterung.

Färben mit Zwiebelschalen

Wohl eine der schönsten Färbmethoden überhaupt. Ein paar Wochen lang werden alle Zwiebelschalen gesammelt. Wenn diese Schalen im Wasser gut durchgekocht sind, gibt man einen Schuß Essig hinzu und kocht darin die Eier. Je länger die Eier in dieser Brühe kochen, um so dunkler und kräftiger werden ihre Farben. Anschließend werden sie mit einer Speckschwarte abgerieben. So entstehen hellbraune und dunkelbraune Ostereier. Zwiebelschaleneier eignen sich besonders für einen Ausflug zu einem Ameisenhaufen. Wenn man nämlich Ameisen darüber krabbeln läßt, ergeben sich oft zusätzliche hübsche Muster, bei deren Entstehung man zuschauen kann. Zudem erhalten die Eier durch die Ameisensäure einen ganz besonderen Duft.
Man kann auch frische Blättchen (Gräser, Baumblätter, Petersilie usw.) sammeln und mit einem Tropfen Alleskleber auf die ungekochten Eier kleben. Die Blättchen lassen sich auch mit Zwirn um das Ei wickeln. Wenn man dann die Eier in etwas dünnen Verbandmull wickelt und in den Zwiebelschalen kocht, ergeben sich reizvolle Muster. Mit Spinatwasser lassen sich grüne und mit Rote-Rübenwasser rote Eier ebenfalls färben. Etwas Essig dazu läßt die Farben stärker hervortreten.

Bunte Abfälle aus dem Bürolocher

Bunte Abfälle aus dem Bürolocher sind billig und lassen sich ohne große Schwierigkeiten auf die gekochten Eier kleben. Ausgestanzte kleine Muster aus gummiertem Buntpapier gibt es außerdem in den einschlägigen Einkaufstätten für Kindergartenbedarf.

Wickel-Ostereier

Bevor die Eier gefärbt werden, umwickeln wir sie mit einem Nähfaden. Wenn dann die Eier aus der Eierfarbe herausgeholt sind, lösen wir den Faden wieder. Dann sind die Eier mit vielen hellen Linien geschmückt.

Ausgeschabte Muster

Mit einem spitzen, scharfen Gegenstand (Nagelfeile, Nagel usw.) schaben wir Verzierungen auf die bereits gefärbten Eier. So erhalten wir ein weißes Bild auf einem getönten Untergrund. Wenn beim Schaben einmal ein Ei kaputtgehen sollte, ist das nicht schlimm. Die Eier sind ja bereits gekocht. Und ein Osterei vor Ostern zu versuchen, macht auch viel Spaß.

Eierstempeln

Als Druckstempel läßt sich vieles verwenden, zum Beispiel Kartoffel, Gummistücke, Korken, Linoleum, Stoffreste, Pappe, Papier, aber auch Papierspitzen von Tortenplatten, Serviettenränder.
Beim Kartoffelstempeln schneiden wir die Form, die wir stempeln wollen, in die Kartoffel. Das, was heraussteht, druckt. Wir färben unseren Kartoffeldruckstock nun mit Deckfarbe oder Plakafarbe ein und bedrucken damit das Ei. Um die Farben zu erhalten, kann man später das Ei mit Klarlack überziehen.

Eier bekleben

Stoffreste, farbiges Papier, Gräser und kleine Blättchen können mit etwas Uhu auf das Ei geklebt werden. Reizvoll ist auch das Bekleben mit Transparentpapier. Hierzu schneiden wir zunächst kleine Muster und Figuren aus Transparentpapier aus und kleben die kleinen Teile auf das Ei. Neue Farbtöne entstehen, wenn wir verschiedenfarbiges Transparentpapier übereinander auf das Ei kleben. Wenn die beklebten Eier z.B. für einen Osterstrauß verwandt werden sollen, kann man sie mit einem Klarlack dauerhafter schützen.

Tupfeneier

Wir tupfen mit den fünf Fingern einer Hand jeweils auf einen angefeuchteten Farbknopf von Deck- oder Plakafarben. Dann bestempeln wir das Ei rundherum mit farbigen Fingerpunkten. Wer nicht an jedem Finger eine andere Farbe haben will, kann auch nacheinander immer wieder den Zeigefinger dazu benutzen, die verschiedenen Farben aufzutupfen. Aber auch Ostereier, die nur mit einer Farbe betupft sind, sind sehr wirkungsvoll.

Mit Filzstiften oder mit dem Pinsel bemalen

Zunächst macht es einige Schwierigkeiten, die gewölbte Eifläche zu bemalen. Man kann das Ei zwischen zwei Bücher legen, die ebenso stark sind wie das Ei selbst. Dann halten die Bücher das Ei fest, während wir ein Feld bemalen oder dort etwas zeichnen. Danach wird das Ei etwas gedreht, so daß ein neues Feld bemalt werden kann. Auch im Eierbecher läßt sich das Osterei auf diese Weise gut bemalen, zuerst die obere Hälfte. Dann wird das Ei anders herum in den Becher gestellt, so daß nun die andere Hälfte angemalt werden kann. Die handelsüblichen Filzstifte und Buntstifte sind für das Bemalen brauchbar. Wasserfarben, Plaka- und Deckfarben können ebenfalls eingesetzt werden.

Mit Wasserfarben malen

Damit die Eierschale nicht zu fettig ist und die Farbe besser haftet, reiben wir sie vorher sorgfältig mit Wasser ab. Wasserfarben können für gekochte wie für rohe Eier benutzt werden. Wichtig ist nur, daß die Farben aus dem Malkasten nicht zu naß aufgetragen werden. Mit weniger Wasser sind die Farben dicker, verlaufen nicht so schnell und haften auch besser auf der Eierschale.

Muster mit Deckweiß

Wir malen mit Deckweiß Muster auf die Eierschale und übermalen danach das Ei mit Plakafarbe. Wenn wir es anschließend leicht abwaschen, haftet die Farbe auf den Teilen, die nicht mit Deckweiß bemalt waren, viel stärker. Dadurch treten die hellen Muster hervor.

Bemalen mit Wachsmalstiften

Wir malen bunte Muster mit unseren Wachsmalstiften auf die gekochten Eier. Anschließend können die Muster auch mit einem in Wasser getauchten Pinsel etwas verwischt werden. Dann treten die einzelnen Konturen nicht mehr so deutlich hervor, alles wird weicher.

Terpentinlösliche Wachsmalstifte können zum Bemalen der noch heißen gekochten Eier benutzt werden. Weil das Wachs in den Stiften schmilzt, ergeben sich hierbei sehr schöne, satte Farben.

Bemalen mit Wachs vor dem Färben (Batik-Ostereier)

Auch die alte Volkskunst, das Bemalen mit Wachs, macht Kindern viel Spaß. Wir benutzen flüssiges Bienenwachs oder braunes Stearin und malen mit einem feinen Pinsel allerlei Muster auf die gekochten, aber noch nicht gefärbten Eier. Wenn dann die Eier ein paar Minuten in der abgekühlten Ostereierfarbe gelegen haben, kann man das Wachs abkratzen. Es entstehen helle Muster auf farbigem Untergrund. Wir können das Wachs auch zuerst trocknen lassen, die Eier dann etwas abreiben und sie mit kräftiger Farbe (Plaka) anmalen. Die Stellen, die mit Wachs bestrichen wurden, nehmen die neue Farbe nicht an.

Voraussetzung für alles Eierfärben ist:
- Möglichst Eier verwenden, die noch nicht das Gütezeichen des Eierhändlers tragen. Die Stempelfarbe sollte man anderenfalls mit Salz und Essig abreiben.
- Am besten ist es, die Eier vor dem Färben mit einer kleinen Bürste vorsichtig im warmen Wasser* zu schrubben. So wird das Ei vor dem Bemalen wirklich fettfrei und sauber.
- Wenn Eier zum Osterschmuck (Osterstrauß usw.) gefärbt werden sollen, sollte man ausgeblasene Eier benutzen. (Stopfnadel an beiden Enden eindrücken, dann in ein Loch hineinblasen, so daß aus dem zweiten Loch das flüssige Eigelb und Eiweiß herauskommen.)
  Sollen nicht ausgeblasene Eier hierfür verwendet werden, müssen sie eine halbe Stunde lang gekocht werden. Dann verderben Eiweiß und Dotter auch über einen langen Zeitraum hinweg nicht.
- Für das Bemalen eignen sich am besten hartgekochte Eier, weil sie weniger empfindlich sind.

---

* (eventuell etwas warme Waschmittellauge)

Eiergerichte, mit Kindern gekocht

Wenn Ostern schon mit so vielem österlichen Basteln vorbereitet wird, bei dem immer wieder Eier verwendet werden, sollen auch ein paar Eierrezepte nicht fehlen, die mit wenig Aufwand gemeinsam mit den Kindern im Kindergarten ausprobiert werden können. Es werden auch kleine Gerichte aus frischen Eiern vorgestellt, weil zu vielen Bastelarbeiten die Eier zunächst ausgeblasen werden müssen. Hier finden sich ein paar erprobte Rezepte für „Feinschmecker".

Gefüllte Eier

8 hartgekochte Eier werden geschält und der Länge nach halbiert. Das Eigelb wird herausgenommen und mit der Gabel in einer Schüssel zerdrückt. Dann werden 4 gehäufte Eßlöffel Remoulade dazugerührt. Nun werden noch 4 Scheiben gekochter Schinken und etwas Petersilie feingeschnitten und dazugemischt. Wer mag, kann auch noch etwas Senf dazu tun. Wenn alles gut verrührt ist, wird der Eiermix in die halbierten Eier gefüllt. Sie werden auf Salatblätter gelegt und mit Gurkenstückchen und Petersilie garniert.
Weniger kostspielig: Eigelb mit Dill, etwas Essig, Öl, Senf, Salz und Petersilie mischen und dann wieder in die Eierhälften füllen.

Pilzeier

Wenn hartgekocht die Eier sind,
pellt man die Schale ab geschwind
und schneidet voller List und Tücke
Tomaten in zwei gleiche Stücke.
Sie werden, das kann jeder jetzt,
als Hut auf jedes Ei gesetzt.
Zum Schluß wird dann ganz raffiniert
mit Mayonnaise noch verziert.
Das ist ganz leicht und geht im Nu.
Und wetten… Da greift jeder zu!

Rolf Krenzer

Frühlingswiese

Hartgekochte Eier (8 Minuten) werden kalt abgeschreckt und dann gepellt. Anschließend werden sie auf einem Brett mit einem Messer in kleine Stückchen gehackt.
Nun schneiden wir einige Radieschen zuerst in dünne Scheiben, dann ebenfalls in kleine Stücke. Auf der Gemüsereibe werden Mohrrüben recht fein gerieben.

Dann rollen wir ein paar Salatblätter zusammnen und schneiden sie in feine Streifen.

Zum Schluß wird alles in eine Schüssel geschüttet und mit Öl und Essig und etwas Salz gut vermischt. Dann wird der Salat auf die Teller verteilt. Zu der Frühlingswiese schmeckt ein Butterbrot besonders gut.

Osterpudding

Zunächst wird grüner Wackelpudding gekocht. Wenn er abgekühlt ist, schneiden wir ihn in ganz kleine Stücke und geben ihn auf eine Platte oder einen größeren Teller. Das ist bereits der Rasen.

Weiße Eier können aus gekochtem Vanillepudding mit einem Löffel herausgeholt und auf den Rasen gelegt werden. Farbige Eier gibt es natürlich auch, z. B. rote Ostereier aus Himbeerpudding, gelbe aus Zitronenpudding, braune aus Schokoladenpudding usw. (oder entsprechendes Eis).

Wenn es schnell gegessen werden kann, erhält jeder einen kleinen Teller mit grünem Wackelpuddingrasen. Dann werden mit dem Eislöffel die Eier darauf gesetzt.

Eierigel – Igeleier

Hartgekochte (8 Minuten), abgeschreckte und gepellte Eier werden der Länge nach durchgeschnitten und mit der Schnittseite nach unten auf ein Brettchen gelegt. Nun stecken wir jeweils an die Spitze eine Gewürznelke. Das wird das Igelschnäuzchen. Zwei weitere Gewürznelken stecken wir als Augen ein. Dann spicken wir die Eihälften mit Kümmelkörnern, so viel wie wir dort nur unterbringen können.

Anschließend werden die Eierigel auf ein Salatblatt gesetzt und auf einem kleinen Teller serviert. Dazu kann man ein Vollkornbrot mit Butter und etwas geschnittenem Schnittlauch essen.

Eischmetterling

Wir schneiden ein Ei der Länge nach mittendurch. Dann teilen wir die Hälfte noch einmal der Länge nach in drei Teile.

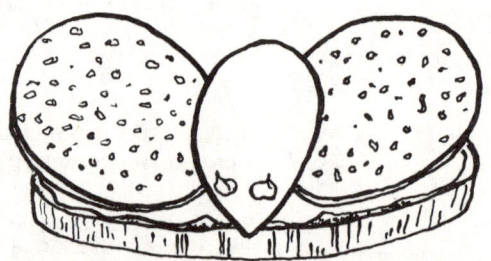

Auf ein Butterbrot legen wir nun die drei Teile so, daß ein halbes Ei entsteht, dessen runde Seite nach oben zeigt. Nun stecken wir zwei Salamischeiben als Flügel zwischen die drei Teile. Dann sind die beiden unteren Teile nicht mehr zu sehen, daß eine Eiteil ist aber nun als Rumpf zwischen den Salamiflügeln erkennbar. Mit zwei Tupfern Ketchup oder Tomatenmark bringen wir die Augen an. Auch zwei Körnchen falscher Kaviar können die Augen sein. Für die Fühler verwenden wir Schnittlauch.

Eiersalat

Hartgekochte Eier werden geschält und mit dem Eierschneider einmal längs und einmal quer durchgeschnitten. In der Schüssel rühren wir den Eiersalat mit fertig gekaufter Kräuterremoulade an. Zur Verfeinerung können noch winzige Schinkenstückchen hinzugegeben werden.
Den Eiersalat können wir gut beim „Gurkenfaß", beim „Gurkenschiffchen" und beim „Tomatenkörbchen" verwenden.

Gurkentopf

Von der grünen Gurke wird ein etwa 5 cm hohes Gurkenstück mit gerader Ober- und Unterseite abgeschnitten. Dieses Stück wird mit dem Teelöffel vorsichtig ausgehöhlt, wobei die Außenwand und der Boden nicht verletzt werden dürfen. Das kleine Gurkenfaß kann man mit Wurst-, Fleisch- oder Eiersalat füllen.

Gurkenschiffchen

Eine Gewürzgurke wird auf das Schneidebrett gelegt und mit dem Messer halbiert. Die runden Unterseiten werden flach abgeschnitten, damit sie nicht kippen. Wenn man die Kerne mit dem Teelöffel auskratzt, entsteht der Schiffsraum, der mit Eiersalat oder Wurstsalat beladen werden kann. Ein solches Gurkenschiffchen macht sich besonders gut auf der Aufschnittplatte. Links und rechts können als Ruder noch kleine Happenspieße in die Schiffswände gespießt werden.

Tomatenkörbchen

Die Tomate wird gewaschen und mit der Unterseite auf das Schneidebrett gelegt. Dann werden mit dem Tomatenmesser links und rechts zwei Ecken aus der Tomate geschnitten. Das sieht dann wie ein Körbchen mit Henkel aus.
Nun muß die Tomate mit dem Henkel ganz vorsichtig mit einem Teelöffel ausgehöhlt werden, damit die Wände nicht verletzt werden. Jetzt kann man das Körbchen mit Eiersalat füllen. Ein solches Tomatenkörbchen schmeckt ganz besonders gut zum Butterbrot.

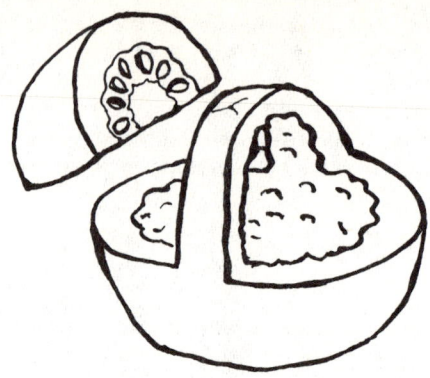

Man kann die Tomatenhälften auch ohne Korbgriff aushöhlen und dann mit Eiersalat füllen.

Tennisbälle im Schnee

Wir legen kleine Eier ins kochende Wasser und lassen sie 10 bis 12 Minuten kochen. Nach dem Abschrecken und Pellen schneiden wir jedes Ei der Länge nach so durch, daß das Eigelb innen nicht verletzt wird. Es darf also nur das Weiße eingeschnitten werden. Dann lösen wir das harte Eigelb vorsichtig heraus.

Auf einem Brett wird dann das Eiweiß ganz klein geschnitten und als Schnee auf Tellerchen verteilt. Es wirkt besonders reizvoll, wenn die Tellerchen selbst nicht weiß sind. Auf den Schnee kommt dann pro Tellerchen ein gelber Tennisball, das Eigelb. Rundherum um den Schnee kann noch ein Kranz aus Mayonnaise oder aus Tomatenmark gedrückt werden. Dann ist es eine große Schneeblume mit einem gelben Blütenstand. Damit es gut zum Toast oder Brötchen schmeckt, sollte man vor dem Essen noch eine Prise Salz darüber streuen.

Goldstücke und Silbertaler

Zwei Eier werden nach Eiweiß und Eigelb geteilt. Aus dem Eiweiß entstehen die Silbertaler. Das Eigelb brauchen wir für die Goldstücke (für 8 Kinder).
Silbertaler: Wir schlagen das Eiweiß zu sehr steifem Schnee, fügen zwei Teelöffel Zucker hinzu und schlagen noch einmal alles gut durch.

Danach heben wir mit einem Holzlöffel vorsichtig zwei gehäufte Eßlöffel ganz feinen Zucker darunter.

Nun wird das Backblech des Backofens mit Papier bedeckt und leicht eingefettet und mit Mehl bestreut.

Mit einer Teelöffelspitze setzen wir kleine Eierschneehäufchen auf das Papier. Weil sie etwas zerlaufen, sollten sie nicht zu nahe aneinander gesetzt werden.

Bei geringer Hitze (120°) werden sie dann im Backofen gebacken (getrocknet), bis sie fest und ganz leicht hellbraun sind.

Mit dem Messer werden sie dann vom Backblech heruntergenommen... und schmecken jedem!

Goldstücke werden aus dem Eigelb gebacken, das man mit 4 Eßlöffel Milch, zwei gehäuften und zwei gestrichenen Eßlöffeln Mehl und zwei gestrichenen Teelöffeln Zucker mit dem Quirl oder dem Mixer so gut durchrührt, bis ein dickflüssiger Teig entsteht, der keine Klümpchen haben darf.

In der Pfanne werden zwei gehäufte Teelöffel Butter oder Margarine heiß gemacht. Dann wird der Teig aus einem Kännchen in das Fett vorsichtig hineingegossen, so daß talergroße Goldstücke entstehen. Sie werden schnell so gelb wie Gold und müssen mit der Gabel einmal umgedreht werden, damit die andere Seite auch goldgelb gebraten wird. Sie schmecken ebenso gut wie die Silbertaler.

Zuckerei

Zwei Eier werden vorsichtig aufgeschlagen. Das Eigelb sammeln wir in einer großen Tasse, das Eiweiß in einem Suppenteller.

Nun rühren wir das Eigelb etwas schaumig und geben Zucker und Zitronensaft (4 Teelöffel Zucker, Saft einer Zitrone) hinzu.

Danach wird das Eiweiß mit dem Mixstab oder mit einer Gabel zu steifem Schnee geschlagen. Wenn dann der Eischnee mit dem gelben Schaum vermischt wird, entsteht das berühmte Zuckerei, von dem keiner genug bekommen kann.

Eiermus

Sechs gekochte (8 Minuten) Eier werden nach dem Abschrecken und Abkühlen geschält und halbiert. In einer Schüssel oder einem großen Teller werden nun die Eier zusammen mit zwei Teelöffeln Butter (oder Margarine), einem halben Teelöffel Senf, etwas Salz und feingeschnittener Petersilie zu einem gelben Mus zerdrückt, das ausgezeichnet auf dem Butterbrot schmeckt.

Kindergarten-Rührei

Für jeden, der mitessen will, brauchen wir 2 Eier, 2 Eßlöffel Milch (oder Selterswasser), etwas Salz und Fett (Margarine, Butter oder Öl).

Zunächst verrühren wir die Eier mit Milch (oder Selterswasser) und Salz in der Pfanne. Man kann auch etwas Petersilie oder Schnittlauch hinzutun. Wenn das Fett in der Pfanne heiß ist, wird alles hineingeschüttet. Nun muß fleißig gerührt werden, denn der Teig wird schnell dick. Dann wird alles in eine große Schüssel gegeben. Jeder darf von dem Kindergarten-Rührei zum Butterbrot essen.

Spiegelei auf der Wiese

Jeder bekommt eine Brotschnitte und kann sie mit etwas Butter oder Margarine und etwas Senf bestreichen. Dann wird Salat geputzt, und jeder darf sich zwei Salatblätter auf das bestrichene Brot legen. Nun gibt es pro Esser ein Spiegelei aus der Pfanne, das auf das vorbereitete Salatblätterbrot gelegt und dann mit etwas Salz und Schnittlauch bestreut wird.
Wer es mag, kann auch noch etwas Tomatenketchup über das Ei geben.

Österliches Backwerk

Hier können freilich die Kinder nur als Helfer eingesetzt werden. Aber es macht viel Spaß, wenn gemeinsam Hefegebäck in der Form von Osternestern, Osterhasen, Hühnern und Küken gebacken wird. Auch Osterbrot kann man backen. Bestimmt wird sich ein Bäcker finden, der eine fertige Backmischung liefern kann.
Zu selbstgebackenen Hefeteilchen oder zu Brötchen oder einem Hefezopf können wir die Eltern oder die Kinder aus einer anderen Gruppe einladen. Wir haben auch schon oft solches Hefegebäck (Brötchen, Osterbrötchen usw.) für den Familiengottesdienst gebacken und alle zum Mitessen und Miteinanderteilen eingeladen.

Hierzu folgende Geschichte:

Aus wenig wird viel

Der alte Herd war kaputt. Darum kauften die Eltern einen neuen. Einen mit Fenster. Der Backofen wurde nicht mit einer dichten Tür verschlossen, sondern mit einem Glasfenster. Man konnte in den Backofen hineinsehen.
„Dann kann man aufpassen, wie der Kuchen backt!" freuten sich die Kinder Silke und Rainer.
Zu Ostern wurde der Fensterbackofen ausprobiert. Mutter knetete einen Teig, einen Hefeteig. Davon riß sie Stücke ab und gab jedem Kind eine Handvoll.
„Damit könnt ihr euch ein Osterbrot backen."
Zuerst sahen die Kinder zu, was Mutter wohl aus dem Teig formte. Sie drückte und rollte ihn wie Knete, schnitt ihn nochmals in drei gleiche Teile. Jedes Stück rollte sie auf dem Tisch mit den flachen Händen zu einer langen, dünnen Wurst. Dann legte sie alle drei Würste nebeneinander, drückte an einer Seite die Enden zusammen und flocht langsam einen Zopf.
„So ein dünner Zopf?" fragten die Kinder. „Das wird ein Osterbrot?"
„Wartet nur", sagte Mutter. „Aus wenig wird viel."
Da lag der warme Zopf in der warmen Küche auf dem Tisch und wuchs noch ein wenig.

Den Kindern gefiel das kümmerliche Osterbrot gar nicht. Sie beschlossen, sich Osternester zu kneten, so einen kleinen Ring, in den ein Osterei hineinpaßt, wie ein Eierbecher.

Silke und Rainer formten den Teig zu einer Kugel, legten sie auf den Tisch und rollten sie dann hin und her, wie sie es bei Mutter beobachtet hatten, bis an beiden Seiten unter den Händen ein dünner Wurm hervorgekrochen kam. Der wurde immer länger. Diese lange Nudel rollten sie zusammen wie ein Schnekkenhaus, drückten in die Mitte ein Loch hinein fürs Osterei und schoben ihre Nester neben Mutters Osterbrot.

Der Backofen war schon warm und eine kleine Lampe brannte darin wie in einer Puppenstube.

Mutter schob das Kuchenblech mit dem Ostergebäck hinein. Vorher hatte sie noch Eigelb drübergestrichen und Mandelblättchen draufgestreut. Vorsichtig schloß sie die Ofenklappe und schaltete die richtige Temperatur ein.

Rainer und Silke hockten sich vor dem Herd auf den Fußboden und schauten gespannt zu. Sie konnten sehen, wie der Teig langsam in die Höhe und Breite wuchs wie ein Luftballon. Gut, daß Mutter zwischen den Teilen so viel Platz gelassen hatte, sonst wäre alles zusammengeschmolzen.

Tatsächlich, aus Mutters dünnem Zopf wurde ein dickes Brot. Und die Eierbecher? Auch sie wurden breiter und breiter.

„O je!" lachte Rainer, „so große Eier gibt's ja gar nicht."

Was da so knusprig und braun durchs Backofenfenster leuchtete, war kein Nest für ein Ei, das war gleich eine Schüssel, ein Korb für viele Eier. Aber schön sahen sie aus.

„Macht nichts", sagte Silke. „Nächstesmal wissen wir's."

Sonja Matthes

Gedichte und Reime von Osterhasen und anderen Hasen

Um den Hasen zu fangen,
den schnellen und scheuen,
mußt du etwas Salz
auf den Schwanz ihm streuen.
Mir ist es leider noch nie gelungen,
denn kam ein Hase angesprungen,
hatte ich leider das Salz vergessen.
Ein andermal hab' ich lang dagesessen,
tat mit Salz in der Hand nach dem Hasen spähen ...
Doch dann ließ sich kein einziger Hase sehen.
Nun nimm dir Salz! Ich wünsche dir,
daß es bei dir viel besser klappt als bei mir.

Rolf Krenzer

Gehorsamer Diener,
was machen die Hühner?
Legen sie brav Eier
für die Ostereier?
Die Kinder bauen schon ein Nest
für Ostereier zum Osterfest.

Volksgut/bearbeitet von Rolf Krenzer

Ei seht, da springt vom Walde
der Osterhase her,
ein Körbchen auf dem Rücken:
,,Wo ist ein Nestchen leer?
Ich fülle es mit Eiern
von bunter Farbenpracht -
doch nur für brave Kinder
hab' ich sie mitgebracht!''

mündlich überliefert

Osterhäschen, warst du da?
Osterhas', wir wissens ja!
Hast die Eier gut versteckt,
doch wir haben sie entdeckt.
Rufen fröhlich: ,,Dankeschön!
Osterhas', auf Wiedersehn!''

Rolf Krenzer

Wird bald Ostern sein?
Kommt hervor, ihr Blümelein,
komm hervor, du grünes Gras,
komm herbei, du Osterhas';
komme bald und fehl mir nit,
bring auch deine Eier mit.

mündlich überliefert

Ich schenke dir
ein Osterei.
Wenn du's zerbrichst,
so hast du zwei.

Volksgut

Mein Vater kaufte sich ein Haus.
An dem Hause war ein Garten.
In dem Garten war ein Baum.
Auf dem Baum war ein Nest.
In dem Nest war ein Ei.
In dem Ei war ein Dotter.
Im Dotter war ein Osterhase,
der beißt dich in die Nase.

Volksgut

Ei, ei, ei, was ist denn das,
so früh schon dort im hohen Gras?

Da sitzt ein braunes Häschen
mit einem stumpfen Näschen.

Es putzt die Schnauze, spitzt das Ohr
und schaut zu unserm Haus empor.

Das ist der liebe Osterhas',
das ist der liebe Osterhas'!

Was will denn wohl das Häschen, was,
so früh schon dort im grünen Gras?

Es bringt zur Osterfeier
den braven Kindern Eier

in Farben Gelb und Rot und Blau
und viele bunte, schau nur, schau!

Du lieber, braver Osterhas',
du lieber, braver Osterhas'.

mündlich überliefert

Drunten an der Gartenmauer
sitzt ein Häslein auf der Lauer.
Eins, zwei, drei legt's ein Ei,
lang wird's nimmer dauern.
Kinder, laßt uns niederducken!
Seht ihr's ängstlich um sich gucken?
Ei, da hüpft es und dort schlüpft es
durch die Mauerluken.

Und nun sucht an allen Ecken,
wo die schönen Eier stecken:
rot und blau, grün und grau
und mit bunten Flecken.

Friedrich Güll

Osterhäschen, komm zu mir,
komm in unsern Garten.
Bring uns Eier, zwei, drei, vier,
laß uns nicht lang warten!
Leg sie in das grüne Gras,
lieber, guter Osterhas!

Volksgut

Der Osterhase hat zu tun.
Er kann nicht rasten und nicht ruhn.
Hinter Büschen, hinter Hecken
muß er Eier jetzt verstecken.
Eins für dich und eins für dich ...
Und sicherlich auch eins für mich!

Rolf Krenzer

Osterhäschen, groß und klein,
tummeln sich am Wiesenrain,
müssen tanzen, hopsen, lachen
und mitunter Männchen machen.
Heute wollen wir noch springen
und den Kindern Eier bringen:
rote, gelbe, braune, graue,
bunte, grüne, himmelblaue.
Keiner kriegt was, der uns sieht:
Das ist unser Hasenlied.

Volksgut

Osterhäschen kommt im Lauf,
hält sich bei den Hühnern auf,
kauft dort einen Korb voll Eier,
denn die sind jetzt gar nicht teuer,
sucht die allergrößten aus,
trägt sie in den Wald hinaus,
färbt sie rot und gelb und blau,
und jetzt, Kindchen, schau nur, schau!
Kannst sie finden hinterm Busch -
fort ist's Häslein, husch, husch, husch.   *Volksgut*

Osterhas' im grünen Wald,
kommst du mit den Eiern bald? –
Wenn die Wiesen wieder grün
und die Weidenkätzchen blühn,
wenn die Osterglocken klingen
und die jungen Zicklein springen,
bring' ich Eier bunt und fein
allen braven Kinderlein.   *Volksgut*

Der Osterhase hat über Nacht
zwölf Eier in unseren Garten gebracht.
Eins legte er unter die Gartenbank,
drei in das grüne Efeugerank,
vier in das Hyazinthenbeet,
drei, wo die weiße Narzisse steht,
eins legte er auf den Apfelbaumast;
da hat sicher die Katze mitangefaßt.   *Volksgut*

Ich gebe dir ein Osterei
als kleines Angedenken,
und wenn du es nicht haben willst,
so kannst du es verschenken.   *Volksgut aus neuerer Zeit*

Osterhas', Osterhas',
leg uns recht viel Eier ins Gras.
Trag sie in Hecken,
tu sie gut verstecken;
leg uns lauter rechte,
leg uns keine schlechte,
lauter bunte, unten und oben,
dann wollen wir dich bis Pfingsten loben!   *Victor Blüthgen*

Has, Has, Osterhas,
wir möchten nicht mehr warten!
Der Krokus und das Tausendschön,
Vergißmeinnicht und Tulpen stehn
schon lang in unserem Garten.

Has, Has, Osterhas,
mit deinen bunten Eiern!
Der Star lugt aus dem Kasten aus,
Palmkätzchen sitzen um sein Haus.

Wann kommst du Frühling feiern?
Has, Has, Osterhas,
ich wünsche mir das Beste:
ein großes Ei, ein kleines Ei
und ein lustiges Dideldumdei,
alles in einem Neste.

Paula Dehmel

Der Hahn ist bunt,
das Ei ist rund.
Der liebe Gott laß das Huhn gesund,
daß es kann legen die Eier so rund.

Aus Preußen

Liebes Häschen, willst du morgen
uns für Ostereier sorgen?
Liebes Häschen, bringe bald,
bunte Eier aus dem Wald.

Weiches Moos und grüne Astchen
holen wir für dich zum Nestchen
und daneben legen wir
Gras und Klee zur Speise dir.

Und der Hund muß an die Kette
und wir Kinder gehn zu Bette,
daß dir niemand bange macht
wenn du leise kommst zur Nacht.

Volksgut

Osterhas, Osterhas,
komm mal her, ich sag' dir was:
„Hopse nicht an mir vorbei,
bring mir ein großes Osterei!"

Volksgut

Ich will Ostereier malen,
sagt der Peter schlau.
Eier haben bunte Farben.
Fange an mit blau.
Nehme dann die rote Farbe,
hinterher noch grün.
Laß sie dann für eine Weile
noch im Gelben drin.
Jedes Ei mit allen Farben
färbt der Peter schlau.
Als er endlich fertig ist,
sind sie schwarz und grau.

Rolf Krenzer

Grünes Gras
frißt der Has.
Hinterm Baum
ist sein Raum,
dort ist das Häslein
sicher allein.

Volksgut

Erst kommt der Osterhasenpapa,
Dann kommt die Osterhasenmama
Und hinterdrein so klimperklein
Die Osterhasenkinderlein.
Sie haben braune Röckchen an
Und weiße Stummelschwänzchen dran
Und machen ihren Ostergang.
Da draußen auf dem Feld entlang.

mündlich überliefert

Unterm Baum im grünen Gras
Sitzt ein kleiner Osterhas!
Putzt den Bart und spitzt das Ohr,
Macht ein Männchen, guckt hervor.
Springt dann fort mit einem Satz
Und ein kleiner frecher Spatz
Schaut jetzt nach, was denn dort sei.
Und was ist's? Ein Osterei!

mündlich überliefert

Ich habe den Osterhasen gesehn.
Er hatte es eilig und blieb nicht stehn.
Da rief ich, so laut es mir möglich war:
„Vergiß ja nicht Ostern in diesem Jahr!
Ostern beginnt bereits übermorgen!
Vor allem mußt du die Eier besorgen!"
Jetzt bau ich ein Osternest in unserm Garten
und kann kaum bis übermorgen noch warten.

Rolf Krenzer

Osterhasen- und Ostereierrätsel

Ein Tier triffst du auf stillen Wegen,
das soll doch wirklich Eier legen.
Legt es die Eier rot und blau?
Bemalt es sie? So ganz genau
und ganz bestimmt kann's niemand sagen.
Wie heißt das Tier? So möcht' ich fragen.

Moos und Gras hast du gebracht
und daraus ein Nest gemacht.
Das Nest wird, schaust du Ostern rein,
voll schöner, bunter Eier sein.
Ein kleines Nest fürs Osterfest.
Jetzt sag', was ist das für ein Nest?

Meine Schale, die ist rund,
braun, blau, rot und richtig bunt.
Schlägst du auf die Schale drauf,
ißt du mich mit Freude auf.
Erst das Gelbe, dann das Weiße.
Rate, rate, wie ich heiße!

In meinem bunten Federkleid
erkennt ihr mich doch jederzeit.
Mein Schwanz wie eine Sichel krumm.
Stolziere auf dem Hof herum,
geb' acht auf alles Federvieh
und krähe laut: Kikeriki.

Ich komme daher in schnellem Lauf
und picke alle Körner auf.
Ich gackere,
und eins, zwei, drei
leg ich für dich
ein Frühstücksei.

Weil weiß all meine Federn sind,
erkennt mich sicher jedes Kind.
Ich watschele den ganzen Tag
und schnatter laut: Gack, gack, gack, gack.

alle Rolf Krenzer

Nun ratet, wer mag das wohl sein?
Er trägt ein graubraun Röckchen,
zwei Ohren lang und auch vier Bein'
und geht auf weichen Söckchen.
Im Frühling kommt er nur zu euch
und bringt viel bunte Gaben,
versteckt im Garten sie und Gras.
Nun sagt, wer ist's?

Es ist braun und läuft gar schnell
und hat ein weiches, braunes Fell.
Es lebt in Feld und Wald,
bringt bunte Eier bald.

Auf einem schönen Plätzchen,
da gibt es viele Kätzchen.
Sie tragen Fellchen zart und fein,
doch nie hört man „miau" sie schrei'n.

Es sitzt ein grauer Herr im Klee,
Tut niemand was zuleide,
Trägt eine Blume weiß wie Schnee
Hinten an seinem Kleide.
Zwei Löffel hat er auch dabei,
Doch nicht für Suppe oder Brei;
Maust von den Rüben und vom Kohl —
Nun sagt, wie ist sein Name wohl?

Ich weiß ein kleines weißes Haus,
hat nichts von Fenstern, Türen, Toren,
und will der kleine Wirt heraus,
so muß er erst die Wand durchbohren.

Wer wird von Hunden oft gejagt?
Wer ist es, der im Felde sitzt
und seine langen Ohren spitzt?

Wer kann mir sagen,
wer das ist,
der immer mit
zwei Löffeln frißt.

Es ist ein Häuschen, weiß und rund,
hat weder Dach noch Mauergrund,
hat weder Fenster, Tür und Tor,
doch geht ein Gast daraus hervor,
kehrt nimmermehr zurücke,
zerbricht das Haus in Stücke.

alle Volksgut

Ein langes Wort: Zuerst es nennt
ein Frühlingsfest, das jeder kennt.
Danach ein Tier mit braunem Fell
und langen Ohr'n. Es hüpft sehr schnell.
Das ganze Wort sagt endlich jedem dann,
wer wie ein Vogel Eier legen kann.

Rolf Krenzer

Ich bin ein flinkes Bürschchen
in einem roten Kleid
und knacke fleißig Nüsse.
Wer's rät, der ist gescheit!
(Nein, nicht schon wieder der Osterhase,
sondern das Eichhörnchen).

Volksgut

1 = grün
2 = gelb
3 = rot
4 = braun
5 = blau

Ein schöner Strauß
für unser Haus
mit vielen bunten Ostereiern,
damit wir fröhlich Ostern feiern.

Fingerspiele

Häschen und Mäuschen sind die Tiere, die in Fingerspielen am häufigsten vertreten sind. Gerade die Fingerspiele, die von allerlei großen und kleinen Hasen erzählen, machen in der österlichen Zeit viel Freude.
Hier sind einige Beispiele:

Das kleine Häschen

Es war ein kleines Häschen
mit einem Stummelnäschen,
zwei Ohren, lang, ein Schwänzchen, klein,
zwei dunkelbraune Äugelein.

Und als es einmal Sonntag war,
und dazu noch Geburtstag war,
da kam das Petermuckelchen
mit seinem krummen Buckelchen.

Und von des Berges Höh'
kam das braune Reh.
Und mit stattlichem Geweih
kam der stolze Hirsch herbei.

Und die kleine Mummelmaus
guckt aus ihrem Loch heraus,
und all die lieben Vögelein
wollten auch mit fröhlich sein.

Alles sah so lustig aus,
denn bei Petermuckelchen war heut
Geburtstagsschmaus.

Volksgut

Wir strecken beide Zeigefinger und legen sie als Hasenohren an den Kopf. Wenn wir die Augen zeigen, bilden wir aus jedem Zeigefinger einen Ring, den wir vor die Augen halten, so daß wir hindurchsehen können.
Das Kaninchen stellen wir mit der geschlossenen Faust dar.
Die gespreizten Finger einer Hand benötigen wir, um das Geweih des Hirsches zu zeigen. Wenn die kleine Mummelmaus gezeigt werden soll, ist die Faust das Loch. Der Daumen (die kleine Mummelmaus) guckt dann zwischen Zeigefinger und Mittelfinger heraus.
Wenn dann von den Vögeln erzählt wird, breiten wir beide Hände als Flügel aus. Und beim Geburtstagsschmaus reiben wir uns alle mit der flachen Hand über den Bauch.

Vor dem Haus im Gras

Vor dem Haus im Gras
sitzt ein kleiner Has,
wackelt mit Kopf und Schwänzchen,
tanzt ein Hasentänzchen,
putzt den Bart .. und schon
hoppelt er davon.

Rolf Krenzer

Bei diesem Spiel werden die einzelnen Dinge und Tätigkeiten mit den Händen gezeigt. Eine Bewegung, ein Zeichen nach dem anderen kommt bei jeder Wiederholung dazu. Dafür werden aber die entsprechenden Worte ausgelassen, so daß am Ende das Gedicht nur noch pantomimisch und gestisch gestaltet wird:
Vor dem Haus (beide gegenüberstehende Hände über dem Kopf bilden das Dach)
im Gras (mit beiden Händen deuten wir ein flaches Nest, das Gras an, Hände nebeneinander, nach oben weit offen)
sitzt (in die Hocke gehen, mit den Händen vor der Brust das Sitzen zeigen)
ein kleiner (wir zeigen mit den Händen, wie klein das Häschen ist)
Has (die beiden Zeigefinger neben dem Kopf stellen die Hasenohren dar).
wackelt mit dem Kopf (wir wackeln mit dem Kopf)
und Schwänzchen (wir wackeln mit dem Po so, als ob wir ein Schwänzchen daran hätten)
tanzt (wir bewegen die Beine wie zum Tanz)
ein Hasentänzchen (Zum Tanz wackeln wir auch noch mit dem Po und zeigen die Hasenohren mit den Zeigefingern),
putzt den Bart (mit beiden Händen putzen wir die Barthaare neben unserem Mund)
und schon hoppelt er davon (ganz schnell verschwinden unsere beiden Arme und Hände hinter uns).

Häslein sitzt im grünen Gras

Häslein sitzt im grünen Gras.
Häslein denkt: Was ist denn das?
Kommt dort nicht der Jäger her
mit dem großen Schießgewehr?
Husch, mein Häslein, husch, husch, husch,
in den dichten Haselbusch!

Mündliche Überlieferung

Zunächst sitzen wir wie das Häschen ganz ruhig und streichen uns den Bart. Dann schauen wir ängstlich nach beiden Seiten, immer schneller, immer schneller. Zum Schluß verstecken wir uns ganz schnell unter dem Tisch oder unter dem Stuhl.

Auch unsere Hand kann das Häschen sein. Dann ist die andere Hand der Jäger, der das Häschen schießen will. Aber ganz schnell ist darauf die Hand (das Häschen) hinter dem Rücken oder unter dem Tisch verschwunden.

Klein Häslein wollt' spazierengehn

Volksgut

1. Klein Häs - lein wollt spa - zie - ren - gehn, spa - zie - ren ganz al - lein, da__ hat's das Bäch - lein nicht ge - sehn und plumps! fiel es hin - ein.

2. Das Bächlein trug's dem Tale zu
   dort wo die Mühle steht,
   und wo sich ohne Rast und Ruh'
   das große Mühlrad dreht.

3. Wie langsam drehte sich das Rad,
   drauf sprang der kleine Has',
   und als er oben saß gerad,
   sprang er hinab ins Gras.

4. Dann lief das Häschen schnell nach Haus,
   vorbei war die Gefahr.
   Die Mutter klopft ihm's Fellchen aus,
   bis daß es trocken war.

Mit Zeigefinger und Mittelfinger stellen wir durch entsprechende Bewegungen der beiden Finger an der Tischkante dar, wie das Häschen läuft.
Wenn es dann „plumps" heißt, fallen die beiden Finger herunter in die geöffnete Hand (das Bächlein), die bereits vorsorglich darunter gehalten wurde. Die Hand umschließt nun das „Häschen" und trägt es zur Mühle, wobei durch wellenförmiges Hoch- und Niederbewegen der Hände die Wellen des Bächleins angezeigt werden.
Wenn dann gezeigt werden soll, wie sich das große Mühlrad dreht, werden die Hände übereinander gehalten, so daß sie wie das Mühlrad kreisen können.

Wenn dann das Häschen vom Mühlrad herunter springt, stellen die beiden Finger wieder das Tier dar und laufen anschließend ganz schnell am Tisch entlang. Zum Schluß wird mit einer Hand auf den Handrücken der anderen Hand leicht geklopft. Anschließend können die beiden Finger der anderen Hand das Häschen darstellen.

In dem Walde steht ein Haus

Volksgut

Zunächst legen wir unsere Hände schräg zu einem Haus aneinander. Wenn wir aus dem Fenster gucken, legen wir eine Hand über die Augen. Alle weiteren Bewegungen ergeben sich aus dem Text.

Lange Ohren – Schnuppernäschen

Lange Ohren – Schnuppernäschen?
Ist das nicht das Osterhäschen?
Lüpf die büpft, lüpf die büpft,
Kommt es übers Gras gehüpft!
Ostereier, süß und fein,
Bringt's für unsern Klaus herein.

mündlich überliefert

Mit der Hand wird ein Häschen dargestellt, wobei Zeigefinger und Mittelfinger hochgesteckt die Ohren sind. Dieses Häschen hüpft über den Tisch und bleibt vor einem anderen Kind stehen, das dann seinen Namen rufen muß. Besonders lustig wird dieses Spiel, wenn das Hand-Osterhäschen ab und zu ein Zuckerei fallen läßt. Dann rufen die Kinder:

> Klinker, klanker, klei,
> lieb Häschen, leg ein Ei!

Es war einmal ein Häschen

> Es war einmal ein Häschen.
> Das putzte sich nicht das Näschen.
> Da sprach die Frau Mama:
> „Mein liebes kleines Häschen,
> putzt du dir nicht dein Näschen,
> dann sag ich's dem Papa."
> Da lief das kleine Häschen
> und suchte unter Gräschen
> ein feines Blättchen aus,
> putzte sich schnell das Näschen
> und lief geschwind nach Haus.
> Die Mutti sah es kommen,
> hat's auf den Arm genommen:
> „Mein liebes kleines Häschen,
> wie sauber ist dein Näschen",
> und gab ihm einen Kuß.

Volksgut

Hier können ähnlich wie bei den vorangegangenen Fingerspielen alle Bewegungen frei nach dem Text gestaltet werden. Die rechte Hand deutet den Hasen an, mit der linken Hand wird dann das Naseputzen gezeigt. Mit der Hand wird auch das Weglaufen angedeutet. Später nimmt die linke Hand die rechte Hand (das Häschen) auf den Arm und streichelt es. Der Kuß wird dann durch einen Schmatzlaut noch angezeigt.

Drei Karnickelchen

> Ich kenne drei Karnickelchen,
> das sind fidele Zwickelchen.
>
> Das erste heißt „Karnackelchen",
> hat Ohren, wickel-wackelchen!
> das zweite heißt „Karnockelchen",
> hat um den Hals ein Glockelchen.

Das dritte heißt „Karnuckelchen",
es hat ein krummes Buckelchen.
Nackel, nockel, nuckel, neck,
mach's Ställchen zu,
sonst laufen sie dir weg!

Volksgut

Wenn wir die Namen der Karnickel nennen, zeigen wir jeweils einen Finger. Bei
„Karnackelchen" legen wir die Hände wie Ohren links und rechts an den Kopf.
Bei „Karnockelchen" bilden wir mit unseren Händen eine Glocke: Wir halten
die Faust unter das Kinn und stecken den Daumen der anderen Hand in die
Faust hinein.
Wenn wir das Buckelchen zeigen, krümmen wir unseren eigenen Rücken oder
den Zeigefinger. Zum Schluß bilden wir mit den Händen einen Stall (wir falten
die Hände und schließen sie dann fest), der gut verschlossen ist, so daß die Karnickel nicht davonlaufen können.

Der Osterhase

Fünf Männlein sind in den Wald gegangen,
sie wollten den Osterhasen fangen.
Der erste, der war so dick wie ein Faß,
der brummte immer: „Wo ist der Has'?"
Der zweite, der schrie:
„Da! Da sitzt er ja!"
Der dritte, der war der längste,
aber auch der bängste.
Der fing an zu weinen:
„Ich sehe keinen!"
Sprach der vierte: „Das ist mir zu dumm,
ich kehre wieder um!"
Der Kleinste aber – wer hätte das gedacht?
Der hat's gemacht,
der hat den Hasen nach Hause gebracht.
Da haben alle Leute gelacht:
„Ha, ha, ha, ha!"

Volksgut

Die fünf Männlein werden von den Fingern der linken Hand dargestellt. Der Zeigefinger der rechten Hand zeigt nun die einzelnen Männlein, wobei mit dem
Daumen begonnen wird.
Jedes Männlein sagt ja nun etwas sehr unterschiedliches. Das eine schreit, das
andere weint usw. Das wird in übertriebener Form mit der eigenen Stimme zu
dem jeweiligen Zeigen ausgedrückt, wobei sich die Stimme von Strophe zu
Strophe verändert.

Ei, ein Häschen kommt gegangen

Ei, ein *Häschen* kommt *gegangen*
aus dem Wald daher.
Kinder wollen es gern *fangen*,
doch es *läuft* gar sehr.
Wie es seine *Ohren* spitzet,
glaubt, es hört etwas.
Wie es jetzt schön aufrecht *sitzet*,
speist sein grünes Gras.
Sieh! Es *streicht* sein stumpfes Näschen,
unser kleines, munt'res Häschen.
Wie sich's ganz darnieder *kauert*,
denn es denkt: Der Jäger lauert.
Puff! Der Jäger hat *geschossen*.
Das hat's Häschen sehr verdrossen.
Schnell ist es *davongesprungen*.
Häschens Lied ist ausgesungen.

mündlich überliefert

Die kursiv gedruckten Wörter lassen sich gestisch darstellen. Bei jeder Wiederholung wird eine Geste eingeführt. Dabei kann das Sprechen des entsprechenden Wortes ganz entfallen. Das Gedicht kann zum Schluß auch ganz ohne Worte nur mit Gesten dargestellt werden.

Kreis- und andere Spiele

Mit dem Osterei komme ich vorbei

Tschechisches Kinderlied
Deutscher Text: Rolf Krenzer

Mit dem O-ster-ei kom-me ich vor-bei.
Su-che mir zum O-ster-tag ei-nen, den ich so
ger-ne mag. Und dem schenk' ich das Ei!

Die Kinder gehen während der ersten vier Takte im Kreis herum. Ein Kind geht in Gegenrichtung innerhalb des Kreises und trägt ein Osterei vorsichtig auf beiden Händen, so daß es alle gut sehen können. Bei „Suche mir zum Ostertag" bleibt es vor einem Kind stehen und kniet sich nieder. Das Kind, vor dem es sich hinkniet, kniet sich ebenfalls. Beide streicheln nun mit der rechten Hand die linke Wange des Partners, während die anderen Kinder dazu klatschen. Dann schenkt das Kind dem anderen das Osterei. Das erste Kind tritt in den Kreis zurück und das gewählte Kind geht nun mit dem Osterei im Kreis herum und sucht sich einen neuen Spielpartner.

Der Osterhase legt ein Ei

Text: Rolf Krenzer/Melodie: überliefert

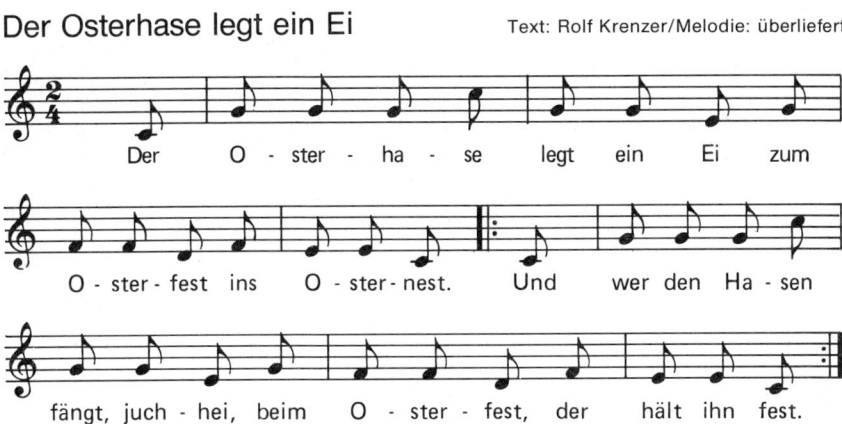

Der O - ster - ha - se legt ein Ei zum O - ster - fest ins O - ster - nest. Und wer den Ha - sen fängt, juch - hei, beim O - ster - fest, der hält ihn fest.

Wir sitzen im Kreis. Einer ist der Osterhase (Schwänzchen oder lange Pappohren können noch als Osterhasenverkleidung angeboten werden). Er läuft zu dem Lied um uns herum und versucht, hinter einen Mitspieler heimlich sein Ei zu legen. Er kann es auf den Boden legen. Jeder Mitspieler kann auch ein Osternest oder ein Taschentuch als Nest hinter sich legen.
Wenn der Mitspieler merkt, was hinter ihm passiert, versucht er sogleich, den Osterhasen zu fangen. Dann muß der Spieler des Osterhasen seinen Platz einnehmen und derjenige, der ihn gefangen hat, darf nun der Osterhase sein.

Ostereier rollen

Jeder Mitspieler hat ein hartgekochtes Osterei. Es wird über den Rasen um die Wette gerollt. Wer am weitesten mit seinem Ei kommt, ist Sieger und darf bei der nächsten Runde als erster beginnen.

Weitere Möglichkeiten:
– Mit den Händen ein Osterei um die Wette zu einem Ziel rollen.
– Osterei in eine kleine Grube rollen. Vorsicht, daß es nicht zerbricht!
– Wir sitzen in der Hocke und versuchen, das Osterei um uns herum zu rollen.

- Osterei von Hand zu Hand im Kreis weitergeben.
- Ein Osterei wird im Kreis nach links, ein zweites Osterei nach rechts weitergegeben. Beide sollen unbeschädigt wieder an ihren Ausgangspunkt zurückkommen.
- Auf dem Rasen wird ein Kreis markiert (Zauberschnur, buntes Band, Kreidepulver usw.). Jeder soll versuchen, eines oder mehrere Ostereier in den Kreis zu rollen. Es wird vorher genau ausgemacht, wie nahe jeder einzelne Mitspieler an den Kreis herantreten darf.

Ostereier-Boccia

Auf dem Teppich oder auf dem Rasen stellt ein Osterhase (Stoff- oder Schokoladentier) das Ziel dar. Jeder Mitspieler erhält ein hartgekochtes buntes Osterei in einer anderen Farbe.
Von einem bestimmten Punkt aus sollen nun die Eier möglichst nahe an das Ziel herangerollt werden. Wer am nächsten ist, erhält einen Punkt. Danach beginnt die nächste Runde. Wer zum Schluß die meisten Punkte gesammelt hat, ist Sieger. Er bekommt ein besonders schönes Osterei als Preis.

Ostereier tragen

Ein Osterei soll auf die unterschiedlichste Weise zu einem vorher bestimmten Ziel (und wieder zurück) getragen werden. Als Einzelspiel, aber auch als Wettspiel möglich.
- Osterei mit beiden Händen tragen.
- Osterei in einer Hand tragen.
- In jeder Hand ein Osterei tragen.
- Osterei im Eierbecher tragen.
- In jeder Hand ein Ei in einem Eierbecher tragen.
- Osterei auf beiden Händen, die ausgebreitet sind, tragen.
- Osterei in einer Suppenkelle tragen.
- Zwei Suppenkellen, in jeder ein Osterei.
- Osterei in einem Eßlöffel tragen.

Ostereier verstecken und suchen

Einer spielt den Osterhasen. Er versteckt für jeden Mitspieler ein Osterei im Zimmer, auf dem Spielplatz oder im Garten.
Spielaufgaben:
- Jeder darf ein Ei suchen. Wer zuerst ein Ei gefunden hat, darf beim nächsten Spiel der Osterhase sein.
- Jeder hat ein Ei in einer bestimmten Farbe. Er darf nur dieses Ei, nicht die anderen suchen. Obwohl er vielleicht entdeckt, wo die Eier für die übrigen Spieler versteckt sind, soll er es ihnen möglichst nicht verraten.

- Zusätzliche Hilfen beim Suchen werden durch Hinweise wie „kalt" und „heiß" oder durch lautes oder leises Singen, durch laute oder leise Töne und Geräusche gegeben.
- Man kann auch nur ein nicht zu großes Ei „sichtbar" verstecken, d.h. das Ei muß so versteckt sein, daß man es, ohne einen anderen Gegenstand wegzurücken oder aufzuheben, finden kann. Wenn ein Mitspieler das Ei gesehen hat, nimmt er es nicht an sich. Er läßt es in seinem Versteck und setzt sich hin. Die anderen Mitspieler suchen weiter, bis auch sie das Ei entdeckt haben. Derjenige, der sich als erster hingesetzt hat, ist der Sieger. Er darf das Ei das nächste Mal verstecken. Dieses Spiel spielt man am besten in geschlossenen Räumen.

Eier ticken

Jeder nimmt ein hartgekochtes Ei und tickt mit seinem Nachbarn: Spitze gegen Spitze, stumpfe Seite gegen stumpfe Seite, Spitze gegen stumpfe Seite. Wessen Ei am wenigsten beschädigt oder am Schluß noch ganz heil ist, ist Sieger und darf gegen einen anderen Spieler antreten.

Ei, ei, ei, ihr Hühnerchen
Überliefert

1. Ei, ei, ei, ihr Hüh-ner-chen, was habt ihr denn ge - tan?

Fort seit ei - ner Stun-de schon ist eu - er lie-ber Hahn. Hahn.

2. Hähnchen ist aufs Dach geflogen
   ins Bodenloch hinein,
   da schlug der Wind die Türe zu,
   es muß gefangen sein!

3. Doch nach einer Stunde schon
   ging wieder auf die Tür:
   „Tuck, tuck, tuck, ihr Hühnerchen,
   nun bin ich wieder hier!"

4. Wie freuten sich die Hühnerchen,
   als sie ihn wieder sah'n,
   wie hüpften sie und sprangen sie
   um ihren lieben Hahn.

Das Lied kann für ein Tanzspiel verwendet werden.

Zur ersten Strophe gehen die Kinder im geschlossenen Kreis. Einige Kinder stellen im Inneren des Kreises die Hühner dar. Sie hocken zusammen, laufen herum, scharren mit dem Fuß, picken. Ein Kind, das den Hahn darstellt, geht außen in Gegenrichtung um den Kreis herum.

Zur zweiten Strophe bleibt der Außenkreis stehen, und die Hühner im Innenkreis singen allein.

Jetzt heben die Kinder im Außenkreis zur dritten Strophe ihre angefaßten Hände hoch, so daß der Hahn durch eines dieser Tore in den Kreis zu den Hühnern schlüpfen kann. Er wird von allen Hühnern begrüßt. Gemeinsam mit dem Hahn bilden die Kinder einen Innenkreis. Sie halten sich zur vierten Strophe an den Händen und hüpfen nach links im Kreis herum, während der Außenkreis in die Gegenrichtung geht.

Was scharrt die alte Henne

Überliefert

1. Was scharrt die al - te Hen - ne, gluck, gluck, gluck,
fort- wäh- rend auf der Ten - ne, gluck, gluck, gluck?
Hat sie - ben Kü - ken klei - ne, gluck, gluck, gluck, die
lie - fen fort al - lei - ne, gluck, gluck, gluck.

2. Mein Weißchen, Bräunchen, Scheckelein,
gluck, gluck, gluck,
wo seid ihr lieben Kinderlein,
gluck, gluck, gluck?
Sie kommen aus den Ecken,
gluck, gluck, gluck,
bei Mutter sich verstecken,
gluck, gluck, gluck.

3. Zuletzt kommt noch der Hahn an,
kickerie,
mit seinem roten Hahn'kamm,
kickerie.

Er muß so viel am Tag tun,
kickerie,
nun will er einmal ausruhn,
kickerie.

Zu diesem Tanzlied fassen sich die Kinder, die im Kreis stehen, an. Ein Kind spielt die Henne und steht in der Kreismitte. Sieben Kinder stellen die Küken dar. Sie verstecken sich hinter den Kindern, die den Kreis bilden. Die Henne geht nun herum und scharrt mit den Füßen. Wenn es dann in der zweiten Strophe „sie kommen" heißt, laufen die sieben Küken in den Kreis und verstecken sich unter den Armen der Henne, die sie wie Flügel über sie breitet.

Hasenwettlauf

Alle Kinder stellen Hasen dar, die von einem Start zu einem vorgegebenen Ziel laufen sollen. Aber weil sie alle Hasen sind, müssen sie auch wie Hasen hoppeln. Sie greifen mit den Händen vor. Dann ziehen sie die leicht gegrätschten Beine nach, bis die Füße wieder bei den Händen sind. Dann greifen sie wieder mit den Händen vor usw. Wer dann zuerst ins Ziel hoppelt, ist Sieger.

Faules Ei

Wir stehen im Kreis und werfen uns einen Ball zu und versuchen, den Ball immer schneller zu werfen. Dazu rufen wir: „Ein Ei, zwei Eier, drei Eier, vier Eier … usw." Wenn der Ball herunterfällt, rufen alle: „Faules Ei!" Dann muß derjenige, der nicht richtig gefangen hat, so lange mitten im Kreis stehen und nicht mitspielen, bis ein anderer Spieler den Ball fallen läßt und nun für das „faule Ei" in die Mitte des Kreises muß.

Hasen im Kohl

Jedes Kind stellt für sich im Kreis einen Stuhl auf mit der Sitzfläche zum Kreisinnern hin. Hinter der Stuhllehne hockt das „Häschen" und ist sicher. Mitten im Kreis aber steht ein Kind und will ein Häschen fangen. Zu dem folgenden Reim, der im Dialog gesprochen wird, kommen die Häschen hervor. Das Häschen, das dann gefangen wird, darf bei der nächsten Runde im Mittelpunkt des Kreises stehen und Häschen fangen.

„Häschen, Häschen, wo seid ihr?"
„In dem Kohlfeld sitzen wir!"
„Hütet euch, vom Kohl zu fressen!"
„Haben nur still dagesessen!"
„Das Kohlfeld sollt ihr jetzt verlassen!"
„Ei, versuch' uns doch zu fassen!"

Hasenjagd

Alle Hasen sind in ihrem Haus (im Kreis). Etwas entfernt steht der „Jäger" mit seinem „Hund". Der Jäger und der Hund rufen:

„Kommt ruhig heraus! Wir tun euch nicht weh,
bevor unser Horn bläst: TÄTERÄTÄ!"

Dann kommen die Hasen heraus und hüpfen und springen herum.

Wenn aber der Jäger in sein Horn bläst und das TÄTERÄTÄ ertönt, dann müssen die Hasen ganz schnell zu ihrem Haus zurücklaufen. Der Jäger und der Hund versuchen dabei, die Hasen zu fangen. Die Kinder, die gefangen werden, dürfen nun Jäger und Hund sein.

Eierhaschen

Farbige Gipseier, Holzeier, auch ganz hartgekochte Eier werden in die Mitte des Kreises gelegt. Alle Kinder sitzen im Kreis darum herum. Aber so viele Eier dort auch liegen, es ist ein Ei weniger als Mitspieler um die Eier herum sitzen. Auf ein bestimmtes Zeichen springen die Kinder auf und versuchen, ein Ei zu haschen. Einer wird keins bekommen. Er muß ausscheiden. Aber er nimmt ein Ei mit, denn jetzt ist für die nächste Runde wieder ein Ei zu wenig im Kreis. Es wird solange gespielt, bis einer übrigbleibt, der Eierhaschsieger.

Rollenspiele

Der Osterhase im Hühnerstall

Der Text kann von zwei Gruppen oder zwei Kindern im Dialog gesprochen werden. Er kann auch zu einem kleinen Rollenspiel eingesetzt werden.

Osterhase: Guten Morgen, Frau Huhn,
jetzt gibt's was zu tun.
Zum Osterfest
für jedes Nest
brauche ich viele Eier,
schön groß, nicht zu teuer.
Sie sehen, Frau Huhn,
jetzt gibt's viel zu tun!

Frau Huhn: Wir Hühner wissen längst Bescheid.
Denn kommt heran die Osterzeit,
dann muß ein jedes Huhn sich regen
und viele große Eier legen.

Die Eier für die Osterzeit,
die stehen schon im Stall bereit.

Osterhase: Ich nehme sie und fange dann
gleich mit dem Eiermalen an,
weil überall in Haus und Garten
die Kinder schon auf Ostern warten.

Frau Huhn: Ich wünsch' beim Malen viel Geschick!
Bring mir den leeren Korb zurück!

Osterhase: Recht schönen Dank! Auf Wiedersehn!

Frau Huhn: Ist gern geschehn! Ist gern geschehn!

Rolf Krenzer

Das Märchen vom Hasen und vom Igel

Um zu verdeutlichen, wie einfach die Gestaltung eines kleinen Spiels nach einem Märchen mit unterschiedlichen Mitteln vorgenommen werden kann, wird hier exemplarisch angeboten:
1. Das Original-Märchen,
2. eine stark verkürzte und in einfacher Sprache erzählte Fassung,
3. ein Spiellied,
4. ein Vorschlag für ein Rollenspiel.
Das Märchen vom Hasen und vom Igel, das hier um der Verständlichkeit willen nicht wie in der plattdeutschen Urfassung (Märchensammlung der Brüder Grimm), sondern hochdeutsch erzählt wird, bietet zahlreiche Spielanreize. An Hand des in einfacher Form nacherzählten Märchens können die einzelnen Szenen deutlich gemacht werden, so daß die Umsetzung in ein Rollenspiel spontan oder mit kleinen Textangeboten schnell und leicht erfolgen kann. Auch mit Hilfe eines einfachen Spielliedes, das die wesentlichen Szenen des Märchens noch einmal aufgreift, kann das Spiel vielfach wiederholt werden.

Der Hase und der Igel

Diese Geschichte ist lügenhaft zu erzählen, Jungens, aber wahr ist sie doch, denn mein Großvater, von dem ich sie habe und der sie mir mit großem Behagen erzählte, pflegte immer dabei zu sagen: „Wahr muß sie doch sein, meine Söhne, sonst könnte man sie ja nicht erzählen." Die Geschichte hat sich aber so zugetragen: Es war an einem Sonntagmorgen zur Herbsteszeit, just als der Buchweizen blühte; die Sonne war hell am Himmel aufgegangen, der Morgenwind ging warm über die Stoppeln, die Lerchen sangen in der Luft, die Bienen summten im Buchweizen, und die Leute gingen in ihrem Sonntagsstaat in die Kirche, und alles war vergnügt und der Swinegel auch.
Der Swinegel aber stand vor seiner Tür, hatte die Arme untergeschlagen, guckte dabei in den Morgenwind hinaus und brummelte ein Liedchen vor sich

53

hin, so gut und so schlecht, wie nun eben am lieben Sonntagmorgen ein Swinegel zu singen pflegt. Indem er nun noch so halblaut vor sich hin sang, fiel ihm auf einmal ein, er könnte auch wohl, solang seine Frau die Kinder wäscht und anzieht, ein bißchen ins Feld spazieren und nachsehen, wie seine Steckrüben stünden. Die Steckrüben waren die nächsten bei seinem Haus, und er pflegte immer mit seiner Familie davon zu essen, darum sah er sie als die seinigen an.

Gesagt, getan.

Der Swinegel machte die Haustür hinter sich zu und schlug den Weg zum Felde ein. Er war noch gar nicht weit vom Hause und wollte just um den Schlehbusch, der da vorm Felde liegt, zum Steckrübenacker hinübergehen, als ihm der Hase begegnete, der in ähnlichen Geschäften ausgegangen war, nämlich um seinen Kohl zu besehen. Als der Swinegel den Hasen zu Gesicht bekam, da bot er ihm einen freundlichen guten Morgen. Der Hase aber, der auf seine Weise ein vornehmer Herr war und grausam hochmütig dabei, antwortete nichts auf dem Swinegel seinen Gruß, sondern sagte zum Swinegel, wobei er eine gewaltig höhnische Miene annahm: „Wie kommt es denn, daß du hier schon so früh am Morgen im Felde herumläufst?"

„Ich gehe spazieren", sagte der Swinegel.

„Spazieren?" fragte der Hase lachend. „Mir deucht, du könntest die Beine auch wohl zu besseren Dingen gebrauchen!"

Diese Antwort verdroß den Swinegel ungeheuer, denn alles konnte er vertragen, aber auf seine Beine ließ er nichts kommen, eben weil sie von Natur schief waren. „Du bildest dir wohl ein", sagte nun der Swinegel zum Hasen, „daß du mit deinen Beinen mehr ausrichten kannst?"

„Das denke ich", sagte der Hase.

„Das kommt auf einen Versuch an", meinte der Swinegel. „Ich setze drauf, wenn wir um die Wette laufen, dann überhole ich dich."

„Das ist ja zum Lachen, du mit deinen schiefen Beinen", sagte der Hase. „aber meinetwegen mag es sein, wenn du so übergroße Lust hast. Was gilt die Wette?"

„Einen goldenen Taler und 'ne Flasche Branntwein", sagte der Swinegel.

„Angenommen", sprach der Hase, „schlag ein, und dann kann's gleich losgehn."

„Nee, so große Eile hat es nicht", meinte der Swinegel, „ich bin noch ganz nüchtern. Erst will ich nach Hause und ein bißchen frühstücken, in einer halben Stunde bin ich wieder hier auf dem Platz."

Damit ging der Swinegel, denn der Hase war es zufrieden. Unterwegs dachte der Swinegel bei sich: Der Hase verläßt sich auf seine langen Beine, aber ich will ihn wohl kriegen. Er ist zwar ein vornehmer Herr, aber man doch ein dummer Kerl, und bezahlen soll er doch. Als nun der Swinegel zu Hause ankam, sprach er zu seiner Frau: „Frau, zieh dich schnell an, du mußt mit mir zum Felde hinaus."

„Was gibt es denn?" sagte seine Frau.

„Ich habe mit dem Hasen gewettet um einen goldenen Taler und 'ne Flasche

Branntwein, ich will mit ihm um die Wette laufen, und da sollst du mit dabeisein."

„Oh, mein Gott, Mann", fing da nun dem Swinegel seine Frau an zu schreien, „bist du nicht klug, hast du denn ganz den Verstand verloren? Wie kannst du mit dem Hasen um die Wette laufen wollen?"

„Halt das Maul, Weib", sagte der Swinegel, „das ist meine Sache. Kümmere dich nicht um Männergeschäfte. Marsch, zieh dich an und dann komm mit." Was sollte dem Swinegel seine Frau machen? Sie mußte wohl folgen, sie mochte nun wollen oder nicht.

Als sie miteinander unterwegs waren, sprach der Swinegel zu seiner Frau: „Nun paß auf, was ich sagen will! Siehst du, auf dem langen Acker da wollen wir unseren Wettlauf machen. Der Hase läuft nämlich in der einen Furche und ich in der andern, und von oben fangen wir an zu laufen. Nun hast du weiter nichts zu tun, als du stellst dich hier unten in die Furche, und wenn der Hase auf der anderen Seite ankommt, so rufst du ihm entgegen: Ich bin all hier." Damit waren sie bei dem Acker angelangt, der Swinegel wies seiner Frau ihren Platz an und ging nun den Acker hinauf. Als er oben ankam, war der Hase schon da.

„Kann es losgehen?" sagte der Hase.

„Jawohl", sagte der Swinegel. „Dann man zu!"

Und damit stellte sich jeder in seine Furche. Der Hase zählte „eins, zwei, drei", und los ging er wie ein Sturmwind den Acker hinab. Der Swinegel aber lief man ungefähr drei Schritt, dann duckte er sich in die Furche und blieb ruhig sitzen. Als nun der Hase in vollem Lauf unten am Acker ankam, da rief ihm dem Swinegel seine Frau entgegen: „Ich bin all hier!" Der Hase stutzte und verwunderte sich nicht wenig; er meinte nicht anders, als es wäre der Swinegel selbst, der ihm das zurief, denn bekanntlich sieht dem Swinegel seine Frau geradeso aus wie ihr Mann. Der Hase aber meinte: „Das geht nicht mit rechten Dingen zu." Er rief: „Noch mal gelaufen. Wieder rum!" Und los ging er wieder wie ein Sturmwind, daß ihm die Ohren am Kopfe flogen. Dem Swinegel seine Frau aber blieb ruhig auf ihrem Platz. Als nun der Hase oben ankam, rief ihm der Swinegel entgegen: „Ich bin all hier!"

Der Hase aber, ganz außer sich vor Ärger, schrie: „Noch mal gelaufen. Wieder rum!"

„Macht mir nix", antwortete der Swinegel, „meinetwegen sooft du Lust hast." So lief der Hase noch dreiundsiebzigmal, und der Swinegel hielt es immer mit ihm aus. Jedesmal, wenn der Hase unten oder oben ankam, sagten der Swinegel oder seine Frau: „Ich bin all hier."

Beim vierundsiebenzigstenmal aber kam der Hase nicht mehr zu Ende. Mitten auf dem Acker stürzte er auf die Erde und blieb da liegen. Der Swinegel aber nahm seinen gewonnenen Taler und seine Flasche Branntwein, rief seine Frau aus der Furche heraus, und beide gingen vergnügt miteinander nach Hause, und wenn sie nicht gestorben sind, dann leben sie noch. So kam es, daß auf der Buxtehuder Heide der Swinegel seinen Wettlauf mit dem Hasen gewonnen hat, und seit jener Zeit hat es sich kein Hase wieder einfallen lassen, mit einem Buxtehuder Swinegel um die Wette zu laufen.

Die Lehre aber aus dieser Geschichte ist erstens, daß keiner, und wenn er sich auch noch so vornehm dünkt, sich soll einfallen lassen, sich über einen einfachen Mann lustig zu machen, und wäre es auch nur ein Swinegel. Und zweitens, daß es das beste ist, wenn einer heiratet, daß er sich eine Frau nimmt, die just so aussieht wie er selbst. Wer also ein Swinegel ist, der muß zusehen, daß seine Frau auch ein Swinegel ist, und so weiter.

Brüder Grimm

Hase und Igel laufen um die Wette

Der Hase lacht den Igel aus: „Du hast so kurze Beine! Du bist so langsam wie eine Schnecke. Ich kann viel, viel schneller laufen als du!" Der Igel ärgert sich. Er überlegt lange. Dann sagt er: „Wir wollen einen Wettlauf machen. Wetten, ich laufe noch schneller als du!"
Auf dem Acker soll der Wettlauf sein. Der Igel hat heimlich die Igelfrau mitgebracht. Die Igelfrau sieht genauso aus wie der Igel. Sie versteckt sich hinter einem Busch. So kann der Hase sie nicht sehen.
„Jetzt geht es los!" sagt der Hase. Er stellt sich neben dem Igel auf. Der Igel ruft: „Achtung, fertig, los!" Dann rennen sie los. Nur der Hase rennt. Der Igel läuft nur ein paar Schritte. Dann geht er zurück und versteckt sich hinter einem Busch.
Der Hase rennt und rennt. Doch am Ziel steht die Igelfrau. Sie winkt und ruft: „Ich bin schon da! Ich war schneller!" Die Igelfrau sieht genauso aus wie der Igel. Deshalb glaubt der Hase: Der Igel ist wirklich so schnell gelaufen.
Er sagt: „Wir laufen zurück. Jetzt werde ich aber gewinnen. Ich bin schneller!" Die Igelfrau ruft: „Achtung, fertig, los!" Der Hase rennt und rennt. Die Igelfrau läuft nur ein paar Schritte. Dann geht sie zurück und versteckt sich wieder hinter dem Busch. Am Ziel wartet der Igel auf den Hasen. Er winkt und ruft: „Ich bin schon da! Ich war schneller!"
„Ich bin schneller! Ich bin schneller!" schreit der Hase. Er rennt wieder los. Er rennt und rennt. Vom Igel zur Igelfrau. Von der Igelfrau zum Igel.
Der Hase wird müde und fällt um. Da hat der Hase verloren. Der Igel und die Igelfrau lachen über den dummen Hasen. Sie haben gewonnen.

Rolf Krenzer

Spiellied vom Hasen und vom Igel

Melodie: Volkstümlich: Der Kuckuck und der Esel/Text: Rolf Krenzer

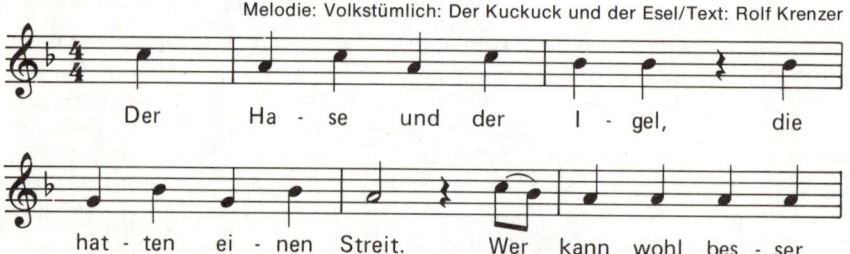

Der Ha - se und der I - gel, die
hat - ten ei - nen Streit. Wer kann wohl bes - ser

lau - fen? Wer kann wohl bes - ser lau - fen? Wer

hat die be - ste Zeit?___ Wer hat die be - ste Zeit?

Der Igel sagt: „Ich schaff' es,
bin schneller da als du!"
Und lächelt still und sachte.
Der Hase aber lachte
und rannte los im Nu, und rannte los im Nu.

Der Igel lief nach Hause
und holte seine Frau.
„Stell du dich an die Wende!
Ich steh am andern Ende!"
So sprach der Igel schlau, so sprach der Igel schlau.

Wer ist jetzt hier der Igel?
Und wer die Igelfrau?
Es sehen beide nämlich
sich ähnlich, ja, so ähnlich.
Drum sieht man's nicht genau. Drum sieht man's nicht genau.

Der Hase rennt zur Wende.
„Bin Sieger jetzt, hurra!"
Die Igelfrau am Ende
reibt sich vergnügt die Hände:
„Ich bin schon lange da! Ich bin schon lange da!"

Da rennt der Hase wieder
und wär' dem Sieg so nah,
wenn nicht am andern Ende
der schlaue Igel stände.
So tönt's: „Ich bin längst da!" So tönt's: „Ich bin längst da!"

So holt zum Schluß der Igel
sich seinen Sieg und Lohn.
Der Hase war viel schneller,
doch kriegt er keinen Heller. (auch: ...und außerdem reeller)
Was hat er nun davon? Was hat er nun davon?

Zu den einzelnen Strophen kann das Spiel nach dem Märchen gestaltet werden.
Zu dem mehrmaligen Laufen können die Strophen 4—6 wiederholt werden. In

dem folgenden ausgearbeiteten Spielvorschlag wird dieses Spiellied ebenfalls eingesetzt, allerdings in einer wesentlich einfacheren Form, so daß auch die Möglichkeit besteht, es bereits mit jüngeren Kindern zu singen.

Hase und Igel laufen um die Wette

Inhalt

Sehr einfache Spielgestaltung des bekannten Märchens.

Mitspieler

Hase, Igelfrau, Igelmann, Sprecher, Kinder, die singen und musizieren.

Spieldauer

ca. 10 Minuten

Mögliche Spielform

Spielen im Halbkreis
Spiel auf der Bühne, im Raum und im Freien.
Puppenspiel
Marionettenspiel

Bühnenbild

Kinder mit Instrumenten im Hintergrund oder im Halbkreis
Angemalte große Bäume.

Kostüme

Normale Kleidung. Igelfrau mit Kopftuch, Schürze und Kleid. Igelmann Hosen. Um das gleiche Aussehen anzuzeigen, zieht die Igelfrau vor dem Wettlauf Kleid und Schürze aus und zieht auch Hosen an. Eventuell beide Igel in gleichen Trainingsanzügen. Pappkronen mit winzigen vielen Zacken auf dem Kopf können die Stacheln der Igel andeuten, zwei gleiche Hüte sind auch geeignet.

Requisiten

nicht nötig.

Orchester

Alle möglichen Melodie- und Rhythmusinstrumente zur Liedbegleitung.

Praktische Vorbereitungen

Märchen erzählen, spontan nachspielen, um nach und nach zu einer ausführlicheren Spielgestaltung zu gelangen.
Pappbäume aus Karton herstellen und gemeinsam anmalen.

Spiellied

Ein Hase und ein Igel
Melodie: Der Kuckuck und der Esel, die hatten einen Streit.

Spieltext

1. Szene

Alle: *(singen)*
          Ein Hase und ein Igel,
          die hatten einen Streit.
          Wer kann wohl besser laufen?
          Wer kann wohl besser laufen?
          Und es war Sommerzeit,
          und es war Sommerzeit.

Hase und Igel haben sich während des Singens vor dem Singkreis eingefunden.

Hase: Ich bin viel schneller als du!
Igel: Ha! Ich bin schneller!
Hase: Ich bin viel schneller!
Igel: Nein, ich laufe viel schneller!
Hase: Du hast viel zu kurze Beine!
Igel: Ich laufe trotzdem schneller als du!
Hase: Nein, ich!
Igel: Nein, ich!
Sprecher: Jeder glaubt, daß er schneller laufen kann. Da wollen sie um die
           Wette laufen.
Hase: Wir machen einen Wettlauf!
Igel: Ja, einen Wettlauf!
Hase: Um zwei Uhr geht's los!
Igel: Jawohl, um zwei Uhr!
Hase: Hier soll der Wettlauf sein!
Igel: Ich bin um zwei Uhr da!

Hase reicht ihm die Hand.

          Einverstanden?
Igel: *(schlägt ein)*
          Einverstanden!
Alle: *(singen)*
          Der Igel sagt: ,,Ich schaff' es,
          bin schneller da als du!"
          Der Hase aber lachte,
          der Hase aber lachte
          und rannte los im Nu,
          und rannte los im Nu.

Der Hase rennt davon.

2. Szene

Igel steht da und kratzt sich am Kopf. Die Igelfrau kommt.

Igelfrau: Was ist los?
Igel: Ich mache einen Wettlauf mit dem Hasen!

Igelfrau:	Der Hase kann doch viel schneller laufen!
Igel:	Ich will aber den Wettlauf gewinnen!
Igelfrau:	Aber wie?
Igel:	Aber wie?
Igelfrau:	Aber wie?
Igel:	Aber wie?
Sprecher:	Der Igelmann und die Igelfrau denken lange nach. Sehr lange. Dann fällt der Igelfrau etwas ein.

Igelfrau springt auf und klatscht in die Hände.

Igel:	Was ist los?
Igelfrau:	Ich weiß, was wir machen!
Igel:	Sag' es mir!

Die Igelfrau flüstert es dem Igel ins Ohr. Der Igel klatscht in die Hände.

Igel:	Ja, das machen wir! Ja, das machen wir!
Sprecher:	Die Igelfrau nimmt ihr Kopftuch ab und setzt sich auch einen Hut auf.
Igel:	Jetzt haben wir beide einen Hut!
Igelfrau:	Jetzt sehen wir gleich aus!

Eventuell auch umkleiden: Schürze und Rock aus, Trainingsanzug oder Hosen an.

Alle:	*(singen)*
	Wer ist hier jetzt der Igel?
	Und wer die Igelfrau?
	Sie sehen sich so ähnlich.
	Sie sehen sich so ähnlich.
	Man sieht es nicht genau.
	Man sieht es nicht genau.

Igel und Igelfrau tanzen im Kreis und rufen:

Ich seh' aus wie du!
Du siehst aus wie ich!
Ich seh' aus wie du!
Du siehst aus wie ich!

3. Szene

Sprecher:	Gleich ist es zwei Uhr. Die beiden Igel sind schon da. Die Igelfrau versteckt sich hinter dem Baum. Da kommt auch der Hase!

Igelfrau versteckt sich. Der Hase kommt.

Hase:	Jetzt geht es los!
Igel:	Jawohl, jetzt geht es los!
Hase:	Ich bin der Sieger!
Igel:	Nein, ich bin der Sieger!
Hase:	Der Wettlauf beginnt!
Igel:	Achtung! Fertig! Los!

Der Wettlauf beginnt. Der Hase läuft zweimal hin und zurück. Jedesmal, wenn der Hase an einen Baum kommt, schallt es ihm entgegen: Ich bin schon da. Igel und Igelfrau laufen abwechselnd gegen den Hasen, ohne daß es der Hase bemerkt.

Igelfrau: Ich bin schon da!
Igel: Ich bin schon da!
Igelfrau: Ich bin schon da!
Igel: Ich bin schon da!

Zum Schluß fällt der Hase erschöpft um.

Hase: Ich kann nicht mehr!
Igel, du bist schneller!
Igel: Ich bin der Sieger!

Igelfrau kommt hinzu. Der Hase staunt, als er sie sieht.

Hase: Was ist denn das?
Igelfrau: Wir haben ein bißchen gemogelt!
Hase: Ihr habt geschwindelt! Dann bin ich doch schneller!
Igel: Wir haben dich angeschmiert!

Igel und Igelfrau lachen. Der Hase stimmt in das Lachen ein. Sie geben sich die Hand und tanzen im Kreis.

Alle: *(singen)*
Der Hase und die Igel,
die tanzen alle so.
Sie singen und sie lachen.
Sie singen und sie lachen
und sind jetzt wieder froh,
und sind jetzt wieder froh.
Sprecher: Und jetzt sind sie wieder Freunde.

erarbeitet von Anette Gadau, Erika Haardt, Rolf Krenzer, Mechthild Linke, Ingrid Schölzel, Gudrun Zellmann

Das Märchen vom seltsamen Wettlauf

Das folgende Märchen hat wieder einen Wettlauf zum Inhalt. Und wieder ist es der Hase, der am Ende als Verlierer dasteht, weil er sich zu viel auf seine Schnelligkeit und Überlegenheit einbildet.

Auch bietet hier der einfach gestaltete Text des Märchens bereits eine brauchbare Vorlage für das sich daraus ergebende Rollenspiel. Optische Hilfen kann auch das Bilderbuch „Hasenwettlauf, aber ehrlich" von Hans Baumann (Thienemanns-Verlag, Stuttgart) geben.

Das Spiellied kann besonders lustig als Menschenschattenspiel gestaltet werden: Wir spannen eine Leinwand auf, die von einem Lichtstrahl angestrahlt wird. Der Hase wird durch einen Stummelschwanz und langen hochstehenden Pappohren deutlich erkennbar. Die Schnecke wird von einem Spieler dargestellt, der über den Boden kriecht und einen Rucksack (Schneckenhaus) auf dem Rücken trägt.

Ein seltsamer Wettlauf

Der Hase lachte die Schnecke aus: „Schaut die Schneck, schaut die Schneck! Kriecht und kommt doch nicht vom Fleck!"
Die Schnecke ärgerte sich. Deshalb sagte sie: „Manchmal komme ich vielleicht schneller vorwärts als du!"
Da schlug der Hase einen Wettlauf vor. Drüben an der großen Linde sollte das Ziel sein.
Die Schnecke machte sich auf den Weg. Ganz, ganz langsam kam sie voran. Der Hase lachte noch lauter, als er sie so langsam kriechen sah.
„Ein seltsamer Wettlauf!" sagte er. „Da kann ich mir viel Zeit lassen!"
Zuerst hielt er ein Mittagsschläfchen.
Dann lief er in den Garten vom Bauernhaus und fraß drei Möhren.
Dann machte er einen Ausflug zum Bach.
Dann schlug er sieben Purzelbäume.
Dann hielt er ein Schwätzchen mit dem Igel.
Dann fraß er von dem frischen Klee am Waldrand.
Dann hielt er wieder ein Schläfchen.
Dann schaute er im Garten des Forsthauses nach, wie weit der Kohl war.
Dann neckte er den Fuchs und lief ihm so schnell er konnte davon.
Dann ruhte er sich ein bißchen im Gebüsch aus.
Und dann fiel ihm der Wettlauf mit der Schnecke wieder ein.
Er lief zur großen Linde so schnell er nur konnte.
Aber da war die Schnecke längst am Ziel.
„Ich habe gewonnen!" rief sie und lachte den Hasen aus.

Rolf Krenzer

Die Schnecke und der Hase

Melodie: Inge Lotz / Text: Rolf Krenzer

Die Schnek-ke, die Schnek-ke, die kommt nicht recht vor-an, kriecht müh-sam um die Ek-ke, weil sie nicht schneller kann. Ach, wie lang-sam, ach, wie lang-sam kriecht sie jetzt da-her. Ach wie lang-sam, ach wie lang-sam, ach, das fällt so schwer.

Der Hase, der Hase,
der lacht die Schnecke aus.
Er lacht: ,,Paß auf, ich rase
und bin vor dir im Haus."
Rauf und runter, rauf und runter,
hin und wieder her,
rauf und runter, rauf und runter,
das fällt ihm nicht schwer.

Der Hase, der Hase
der hüpft und sprang zuviel.
Die Schnecke, die Schnecke,
die war zuerst am Ziel.
Ach wie langsam, ach wie langsam
ging es da voran,
aber endlich, aber endlich
kam sie sicher an.

aus: ,,Wir sind die Musikanten", Verlag Ernst Kaufmann, Lahr und Kösel-Verlag, München

Geschichten von allen möglichen Hasen

Der Hase, der immer wieder beim Spaziergang von Kindern entdeckt werden kann, ist in vielen überlieferten Geschichten und Märchen vertreten. Sehr oft wird er schlau und ebenso oft auch prahlerisch dargestellt. Gerade die Beliebtheit dieses Tieres hat dazu geführt, daß neben den Schokolade-Osterhasen, den Papp-Osterhasen auch zahlreiche Stoff- und Plüschhäschen die Kinderzimmer bevölkern. Aus der Anfangszeit dieser Plüsch- und Stoffhasenzeit stammt das folgende Märchen, das in der leider längst vergriffenen und nach dem 2. Weltkrieg nie wieder aufgelegten Märchenbuch von Roswitha Klob „Der Luftballon und andere Märchen" (Ostmärkischer Landesverlag für Unterricht, Wissenschaft und Kunst, Wien) stammt.

Eine Bergpartie in Klein-Dieters Bett

Die Mutter hatte Dieter aufgeweckt, und als er sich gähnend auf die andere Seite gedreht hatte, um weiterzuschlafen, hatte sie ihn ordentlich geschüttelt und gerufen: „Auf, kleiner Dieter, sonst kommst du zu spät in die Schule!" Dann war sie hinausgegangen, um das Frühstück zu richten.

Dieter rieb sich die Augen und gähnte noch ein paarmal, setzte sich dann auf, reckte und streckte sich und hatte den besten Willen, aufzustehen. Doch im Bett war es so warm und viel schöner als in der Schule.

„Warum muß denn überhaupt so ein kleiner Bub wie ich schon in die Schule gehen", dachte er. „Wenn ich tun könnte, was ich wollte, würde ich auf einen hohen Berg steigen und von oben auf die Schule und alle kleinen Buben herunterschauen. Aber der Berg müßte sehr hoch sein. Ein Berg mit Schnee, ein ganz weißer Berg, so weiß wie mein Federbett."

Er ließ sich wieder in die Kissen zurückfallen und türmte vor sich sein großes Federbett so auf, daß die eine Spitze in die Höhe ragte. Dann ließ er den Zeigefinger und den Mittelfinger hinaufspazieren. Stapf, stapf, marschierten sie.

Bergauf ging es recht langsam, denn der Berg war steil; aber hinunter, ei, ging das fein, da konnte man ja rutschen.

„Hurra!" rief Dieter und hopste im Bett hin und her, daß der Federbettberg ins Wanken geriet. „Da steig' ich noch einmal hinauf, wer kommt mit mir?"

„Ich", tönte es aus der Ecke des Zimmers und sein kleines, braunes Stoffhäschen kam auf das Bett zugehüpft. Dieter hob es zu sich herauf.

„So, jetzt kann die Bergpartie beginnen", sagte er dann. „Gib mir nur die Pfote, denn der Weg ist steil!"

So ging es hinauf. Das Häschen war aber steiles Klettern nicht gewöhnt, denn sonst war es immer nur auf dem Teppich oder auf der Wiese herumgehüpft, und wollte umkehren.

„Du mußt hinauf", erklärte Dieter. „Oben ist es so schön. Du glaubst gar nicht, wie weit man da sieht. Bis nach Afrika."

Das Häschen spitzte die Ohren. „Bis nach Afrika?"

„Ja, komm nur."

Ein Weilchen ging es auch wirklich, doch dann blieb der Hase wieder sitzen. „Ich weiß etwas", sagte er. „Wir brauchen eigentlich nicht zu Fuß da hinaufzugehen, wir könnten fahren."

„Womit denn?" fragte Dieter.

„Mit deiner Eisenbahn. Ruf sie nur."

Dieter klatschte in die Hände und ließ dabei den Hasen fallen. Der schimpfte sehr, denn nun hatte er den ganzen mühsamen Weg umsonst gemacht. Doch bald gewann er seine gute Laune zurück, denn aus der Spielzeugecke kam ein Pfiff, der das Abfahren des Zuges verkündete. Pustend fuhr er durch das Zimmer. Vor dem Bett machte er Station. Dieter hob ihn zu sich herauf und stellte ihn neben den großen Berg. „Alles einsteigen!" rief er.

Das Häschen nahm sich einen Fensterplatz und schaute hinaus. Als sich der Zug schon in Bewegung setzen wollte, schrie es: „Halt!"

„Was ist denn los?" fragte Dieter.

„So ein langer Zug", rief der Hase aus dem Fenster, „und nur ich allein sitze darin. Wir könnten doch noch andere zu unserer Bergfahrt einladen."

„Da hast du eigentlich recht. – Hallo!" rief Dieter in die Spielecke. „Wer will mit auf den Schneeberg fahren? Schnell, schnell, in einer Minute geht der Zug!"

Da wurde es mit einem Male lebendig im Zimmer. Der Zottelbär kam dahergerannt, der Hampelmann, die Quietschpuppe, der schwarze Affe, die Badepuppe, das Zwerglein, und hinterdrein hopste der Gummiball, der wollte auch mit. Dieter half allen schnell in den Zug, denn der mußte pünktlich fortfahren. Kaum hatten alle ihre Plätze eingenommen, da wurde auch schon das Abfahrtszeichen gegeben und der Zug setzte sich langsam in Bewegung. Das erste Stück war eben, da ging es recht leicht; doch als der Weg anstieg, mußte die Lokomotive heftig schnaufen und keuchen. Es war aber auch eine schwere Arbeit, all die lustigen Fahrgäste auf den hohen Federbettberg zu ziehen. Doch Dieter half und schob rückwärts ein wenig nach und die Puppen brauchten keine Angst zu haben, daß der Zug etwa stecken bleiben würde.

Sie waren alle sehr vergnügt, schauten beim Fenster hinaus und winkten mit Pfoten und Taschentüchern.

Als die Lokomotive den Gipfel erreicht hatte, stieß sie einen hellen Pfiff aus. In diesem Augenblick kam die Mutter herein. Sie sah sprachlos auf das lustige Treiben in Dieters Bett.

„Junge", rief sie dann, „was tust du denn da?"

Doch Dieter hörte gar nicht und war eifrig bemüht, die Wagen samt den Fahrgästen auf den Gipfel zu schaffen.

„Wart ein bißchen", rief er der Mutter zu. „Bis der Zug wieder herunterkommt, dann kannst du auch einsteigen!"

Das war der Mutter doch zu bunt. „Dieter", rief sie, „in fünf Minuten fängt die Schule an. Was wird der Lehrer sagen, wenn du zu spät kommst?!"

Da war es freilich aus mit der schönen Bergfahrt, und die Fahrgäste hatten sich doch schon so auf das Hinunterfahren gefreut! Dieter wagte gar nicht, es ihnen zu sagen.

So rief er: „Wartet ein wenig. In drei Stunden geht der Zug hinunter, da könnt ihr euch unterdessen die Aussicht betrachten. Bis nach Afrika kann man von hier aus sehen!"

Das war freilich fein. Sie schauten und schauten, während Dieter in rasender Eile in die Kleider schlüpfte und in die Schule rannte.

Roswitha Klob

Frühlingsschnee

„Steht schnell auf, Kinder, und kommt in den Garten", riefen eines Morgens die Eltern, „es hat noch einmal geschneit, alle Bäume sind weiß geworden, das müßt ihr sehen!"

Die Kinder sprangen auf und zogen ihre Jacken und Röckchen an; aber sie lachten und sagten heimlich untereinander: „Vater und Mutter wollen sich einen Spaß mit uns machen; es ist ja Frühling und so warm draußen, da schneit es nicht mehr."

Als sie aber fertig waren und mit den Eltern in den Garten hinausgingen – was war das? – Ja, da standen wirklich alle Kirschbäume, große und kleine, schneeweiß da und glänzten im Sonnenschein.

„Oh, wie schön das aussieht!" riefen sie alle. Aber Schnee war es nicht, die Eltern hatten wirklich nur gescherzt; Blüten waren es, tausend und vielmal tausend kleine weiße Blüten, die sich aneinanderdrängten und die herabhängenden Zweige bedeckten. Ein warmer Regen hatte am Abend zuvor die braunen Knospen geöffnet. Da hatten in der Nacht die kleinen zarten Blumensternchen sich still auseinandergefaltet. Als dann der Morgen kam mit dem goldenen Sonnenschein, standen die Bäume da in ihrem vollen Blütenschmuck.

„Seht, Kinder, das ist Frühlingsschnee!" sagte fröhlich der Vater. Die Mutter aber rief: „Und nun tragt den Tisch heraus und die Stühle, Kinder, heute wollen wir unter den Blütenbäumen Kaffee trinken!"

Bald saßen alle in dem herrlichen Garten, Eltern und Kinder. Die Kinder freuten sich, die Eltern aber saßen schweigend da und schauten hinauf in die schimmernde Blütenpracht.

Verfasser unbekannt

Wie der April den März besuchte

Lange ist's her, da lud der März den April zu Gaste. Der fuhr mit seinem Wagen los, mußte aber umkehren, weil der März Schnee und Frost schickte. Im nächsten Jahr versuchte es der April mit seinem Schlitten. Aber da machte es der März warm, so daß er wieder zurück mußte. Unterwegs begegnete er dem Mai, dem er seine Not klagte: „Wie oft habe ich den März besuchen wollen; aber weder mit dem Wagen noch mit dem Schlitten erreiche ich ihn. Fahre ich mit dem Wagen, wird's Winter; nehme ich den Schlitten, dann regnet es, daß man weder mit dem Wagen noch mit dem Schlitten durchkann."
Da sagte der Mai: „Ich will dir raten: Nimm den Wagen, den Schlitten und ein Boot, dann kannst du durchkommen."
Im nächsten Jahr tat der April, wie ihm der Mai geraten hatte und fuhr los. Der März sandte warmes Wetter und der Schnee taute. Da packte der April den Schlitten und das Boot auf den Wagen und fuhr weiter. Kurz darauf wurde es wieder kalt, es fror und schneite; aber der April packte alles auf den Schlitten und kam weiter. Zuletzt trat Tauwetter ein, und die Wassermassen überschwemmten alles. Da lud der April Wagen und Schlitten ins Boot und gelangte so zum März. Der war erstaunt, denn er hatte den April doch foppen wollen.
„Wer hat dir gesagt, was man tun muß, um zu mir zu kommen?" fragte er.
„Das war der Mai", sagte der April.
Da rief der März: „Na warte, Mai, das will ich dir heimzahlen!" und schickte dem Mai ein paar tüchtige Nachtfröste.
Und das tut er nun jedes Jahr, weil er dem Mai noch immer zürnt; und der April ist seitdem auf jedes Wetter eingerichtet.   Volksmärchen

Warum die Hasen gespaltene Lippen haben

Vor vielen Jahren versammelten sich einmal die Hasen unter einer alten Kiefer, um zu beraten, wie sie ihr Leben verbessern könnten.
Jeder Hase jammerte und klagte, daß ein Hasenleben kein rechtes Leben sei.
„Wir müssen uns vor allen fürchten, aber niemand fürchtet sich vor uns!"
„Die Katzen und Hunde sind hinter uns her, die Füchse und die Wölfe!"
„Die Menschen jagen uns, weil sie Hasenbraten besonders gern essen!"
„Wir wissen nicht, wo wir unsere Nester bauen können. Und ständig sind unsere Frauen und Kinder in Gefahr!"
„Jedes Bürschlein jagt hinter uns her, wenn es uns nur erblickt!"
„Ja, ein Hasenleben ist wirklich kein Leben!"
So jammerten sie alle und beklagten mit angstvollem Hasenherzen ihr Geschick.
„Weil unser Leben keinen Pfifferling wert ist, sollten wir uns alle im See ertränken! Dann brauchen wir vor nichts mehr davonzulaufen!" Ein alter Hase machte endlich diesen Vorschlag, und weil die ganze Hasengesellschaft so traurig und lebensmüde war, stimmten alle schließlich zu.
So hoppelten sie zum See und wollten sich ertränken.

Am Ufer des Sees aber weidete eine große Schafherde. Als die Schafe die Hasen auf sich zu hoppeln sahen, stoben sie in wilder Flucht davon, und Hirt und Hund rannten hinterdrein. Die Hasen stutzten und konnten nicht fassen, was passiert war. Dann aber mußten sie lachen und lachen. Sie lachten so lange, bis ihnen die Lippen platzten. Sie waren ja so froh, daß es doch noch Tiere und Menschen gab, die sich vor ihnen fürchteten.

Bis zum heutigen Tag haben seither alle Hasen gespaltene Lippen. Doch ertränken will sich bis heute kein einziger Hase mehr.

Märchen aus Estland, neu erzählt von Rolf Krenzer

Der Löwe und der Hase

In der Gegend von Bagdad lebte einst ein blutgieriger und grausamer Löwe, der alles fraß, was vor ihn kam. Die Tiere fürchteten ihn so sehr, daß sie eines Tages zu ihm gingen und ihm in aller Unterwürfigkeit und Demut sagten: „Wir sind voller Angst und Verzweiflung, weil keiner von uns weiß, wen du am nächsten Tag töten wirst. Deshalb bitten wir dich, daß du keinen von uns mehr jagst. Wir wollen es dir viel bequemer machen: Jeden Tag wird ein Tier zu dir in deine Höhle marschieren, so daß du es dann ohne jede Anstrengung bequem auffressen kannst!"

Damit war der Löwe gern einverstanden.

Die Tiere aber losten von nun an jeden Abend aus, wer am nächsten Tag zu dem Löwen gehen mußte.

Am ersten Tag ging das Kamel zu dem Löwen und wurde auch sogleich von ihm verspeist. Am nächsten Tag folgte das Pferd. Ihm ging es auch nicht besser. Dann kamen Kuh und Schaf an die Reihe.

Als wieder gelost wurde, traf es den Hasen. Besorgt sahen ihn die anderen Tiere an. Doch der Hase war guten Mutes und sagte sogar: „Vielleicht gelingt es mir, uns alle von diesem Tyrannen für alle Zeiten zu befreien!"

So wartete der Hase den nächsten Tag ab. Er ging aber nicht am Morgen zum Frühstück des Löwen. Er ging auch nicht am Mittag, um sich als Mittagessen anzubieten. Nein, er wartete bis zum Abend. Dann endlich hoppelte er zu dem Löwen.

Bitterböse wurde er dort empfangen. Dem Löwen schlugen vor Hunger schon die Zähne aufeinander. Wütend fauchte er ihn an: „Du wagst es, erst jetzt zu mir zu kommen! Die Sonne geht ja schon bald wieder auf!"

Der Hase verneigte sich tief und sagte höflich: „Ich wäre gern früher gekommen. Als ich aber durch den Wald kam, stand dort ein fremder Löwe. Der wollte mich packen. Ich lief und lief und bin nur mit Mühe entkommen. Aber glaube mir, einen so schrecklichen, riesigen und mächtigen Löwen habe ich mein ganzes Leben lang noch nicht gesehen."

Erstaunt hatte der Löwe zugehört. Dann fragte er: „Hat er was gesagt?"

„Natürlich!" sagte der Hase. „Er sagte, daß die ganze Gegend hier von nun an ihm gehört und daß er dich umbringen will!"

„Ein fremder Löwe!" brüllte der Löwe. „Ich werde ihm zeigen, wem diese Gegend hier gehört. Ich werde ihn töten. Auf, Hase, zeige mir den Weg zu diesem Löwen!"

Das ließ sich der Hase nicht zweimal sagen. Er führte den Löwen zu einem Brunnen im Wald.

Als sich der Löwe über den Brunnenrand beugte, sah er sein eigenes Spiegelbild im Wasser. Er war aber so dumm, daß er es nicht merkte.

„Wahrhaftig!" brüllte er. „Ein fremder Löwe!"

Er überlegte nicht lange und sprang sein Spiegelbild an.

Schlau wurde er erst, als er im Wasser unterging. Aber da war es schon zu spät.

Der Hase kam wohlbehalten zurück und erzählte den Tieren die Geschichte. So feierten die Tiere den kleinen Hasen, der mit seinem mutigen Hasenherzen den grausamen Löwen besiegt hatte.

Türkisches Märchen, neu erzählt von Rolf Krenzer

Der Hase und der Fuchs

Ein Hase und ein Fuchs reisten beide miteinander. Es war Winterszeit, es grünte kein Kraut, und auf dem Feld kroch weder Maus noch Laus. „Das ist ein hungriges Wetter", sprach der Fuchs zum Hasen, „mir schnurren alle Gedärme zusammen." „Jawohl", antwortete der Hase. „Es ist überall Dürrhof, und ich möchte meine eigenen Löffel fressen, wenn ich damit ins Maul langen könnte."

So hungrig trabten sie miteinander fort. Da sahen sie von weitem ein Bauernmädchen kommen, das einen Handkorb trug, und aus dem Korb kam dem Fuchs und dem Hasen ein angenehmer Geruch entgegen, der Geruch von frischen Semmeln. „Weißt du was", sprach der Fuchs, „leg dich hin der Länge lang und stell dich tot. Das Mädchen wird seinen Korb hinstellen und dich aufheben wollen, um deinen armen Balg zu gewinnen, denn Hasenbälge geben Handschuhe; derweilen erwische ich den Semmelkorb, uns zum Trost."

Der Hase tat nach des Fuchsen Rat, fiel hin und stellte sich tot, und der Fuchs duckte sich hinter eine Windwehe von Schnee. Das Mädchen kam, sah den frischen Hasen, der alle viere von sich streckte, stellte richtig den Korb hin und bückte sich nach dem Hasen. Jetzt wischte der Fuchs hervor, schnappte den

Korb und strich damit querfeldein, gleich war der Hase lebendig und folgte eilends seinem Begleiter. Dieser aber stand gar nicht still und machte keine Miene, die Semmeln zu teilen, sondern ließ merken, daß er sie allein fressen wollte. Das vermerkte der Hase sehr übel. Als sie nun in die Nähe eines kleinen Weihers kamen, sprach der Hase zum Fuchs: „Wie wäre es, wenn wir uns eine Mahlzeit Fische verschafften? Wir haben dann Fische und Weißbrot wie die großen Herren! Hänge deinen Schwanz ein wenig ins Wasser, so werden sich die Fische, die jetzt auch nicht viel zu beißen haben, daran hängen. Eile aber, ehe der Weiher zufriert."

Das leuchtete dem Fuchs ein, er ging hin an den Weiher, der eben zufrieren wollte, und hing seinen Schwanz hinein, und eine kleine Weile, so war der Schwanz des Fuchses fest angefroren. Da nahm der Hase den Semmelkorb, fraß die Semmeln vor des Fuchses Augen ganz gemächlich, eine nach der andern, und sagte zum Fuchs: „Warte nur, bis es auftaut, warte nur bis ins Frühjahr, warte nur, bis es auftaut!" und lief davon, und der Fuchs bellte ihm nach wie ein böser Hund an der Kette.

Ludwig Bechstein

Die Hasenbraut

Eine Frau hatte eine Tochter und einen wunderschönen Garten, in dem viele Kohlköpfe standen. Aber im Winter kam ein Hase in den Garten hinein und fraß einen Kohlkopf nach dem anderen auf. Da sagte die Mutter zu ihrer Tochter: „Gehe in den Garten und jage den Hasen fort!"

Das Mädchen wollte den Hasen fortjagen, aber der Hase rief: „Komm her, Mädchen! Setze dich auf mein Hasenschwänzchen. Dann bringe ich dich zu meinem Hasenhäuschen!" Aber das Mädchen wollte nicht.

Am nächsten Tag sollte das Mädchen wieder den Hasen aus dem Garten jagen. Und wieder rief der Hase: „Komm her, Mädchen! Setze dich auf mein Hasenschwänzchen! Dann bringe ich dich zu meinem Hasenhäuschen!" Aber das Mädchen wollte wieder nicht.

Als aber am dritten Tag das Mädchen den Hasen aus dem Kohl jagen wollte, sagte er wieder: „Komm her, Mädchen! Setze dich auf mein Hasenschwänzchen. Dann bringe ich dich zu meinem Hasenhäuschen!"

Da setzte sich das Mädchen wirklich auf das Hasenschwänzchen. Der Hase trug es zu seinem Hüttchen und lief davon, um die Hochzeitsgesellschaft einzuladen. Er wollte nämlich das Mädchen gern sogleich heiraten.

Da kamen viele Hasen herangehoppelt. Dazu die Krähe. Die war der Pfarrer und wollte den Hasen mit dem Mädchen trauen. Der Fuchs kam auch dazu. Er war der Küster. Und der Altar war der Regenbogen.

Das Mädchen wollte aber ganz und gar nicht eine Hasenbraut werden. Es wollte niemals den Hasen heiraten. Es wußte aber auch nicht, wie es heimkommen sollte. Deshalb war es sehr traurig und weinte. Es setzte sich auf die Bank neben den Herd des Hasenhäuschens und wollte nicht zu der Hochzeitsgesellschaft hinausgehen.

Da kam der Hase und sagte: „Alle warten auf dich! Komm heraus zu ihnen!" Das Mädchen aber weinte und sagte nichts.

Da kam der Hase wieder und sagte: „Die Hochzeitsgäste sind hungrig! Auf, bringe ihnen etwas zu essen!"

Das Mädchen aber weinte immer noch und sagte nichts.

Da kam der Hase zum drittenmal. „Jetzt komme endlich! Die Gäste warten immer noch auf dich!" rief er ungeduldig. Aber die Braut antwortete nicht. Dann aber sprang das Mädchen auf. Es suchte im Hasenhäuschen nach Stroh. Es suchte so viel Stroh zusammen, bis es daraus eine Puppe basteln konnte. Das wurde eine große Puppe. Sie wurde genau so groß wie das Mädchen selber. Nun zog es all seine Kleider aus, den Rock, die Bluse, die Strümpfe, die Schuhe und auch das Kopftuch, das es trug. Dann zog es die Kleider der Strohpuppe an und setzte sie auf die Bank neben den Herd. Genau dorthin, wo es vorher gesessen hatte. Das Mädchen gab ihr sogar noch einen Kochlöffel in die Hand. Dann sprang das Mädchen aus dem Fenster und lief so schnell es konnte zurück zu seiner Mutter nach Hause.

Als aber der Hase wieder in das Häuschen kam, sah er das Mädchen noch immer neben dem Herd auf der Bank sitzen. Er sprang auf es zu und gab ihm einen kräftigen Schubs. Da kippte die Strohpuppe um, verlor den Holzlöffel und auch das Kopftuch und die Schuhe.

So sah der Hase, daß das nicht die Braut war, die er doch heiraten wollte. Traurig ging er zu seinen Hochzeitsgästen und schickte sie alle wieder nach Hause.

Nach dem plattdeutsch erzählten Märchen „Häsichenbraut" der Brüder Grimm neu erzählt von Rolf Krenzer

Wie aus einem Angeber ein mutiger Hase wurde

Ein junger Hase hatte den ganzen Sommer und den Herbst über herumgetollt und seinen Spaß gehabt. Als aber der kalte Winter über das Land kam, da hatte er keinen Vorrat, sondern mußte sich still und heimlich auf den Weg zum Bauern machen, um in dessen Scheune den Hafer zu stehlen. Zweimal hatte er bereits sich dort den Bauch vollgeschlagen, da traf er beim dritten Mal eine ganze Hasengesellschaft in der Scheune an.

„Bist du auch so hungrig wie wir?" fragten ihn die Hasen. „Jetzt ist es schon so weit mit uns gekommen, daß wir den Bauern bestehlen müssen!"

Der Hase schob die Unterlippe vor, reckte sich soweit auf, daß seine Ohren ganz hoch standen und sagte großspurig: „Ich habe genug zu fressen. Mir ist nur langweilig. Deshalb komme ich ab und zu hier einmal vorbei. Aber Hunger habe ich nicht! Keine Spur! Ich habe mehr, als ich brauche!"

„Hast du denn keine Angst, daß dich der Bauer erwischt?" fragten die Hasen. „Ich und Angst!" lachte der Angeber. „Ich komme nur hierhin, weil hier manchmal etwas los ist. Und der Bauer hat Angst vor mir. Schließlich habe ich die größten und gefährlichsten Zähne, die es unter Hasen gibt. Außerdem superlange Schnurrbarthaare und riesige Pfoten. Da traut sich kein Bauer an mich heran!"

Ärgerlich verpetzten die Hasen den Angeber bei ihrer Tante, der Krähe. „Wartet nur ab!" sagte die Krähe. „Dem wird das Angeben noch vergehen. Es wird noch viel kälter werden, und der Winter dauert noch lange!"

Sie flog aber trotzdem zu dem kleinen Angeber, der es sich unter einem Busch gemütlich gemacht hatte, und zottelte ihn tüchtig an den Ohren. „Angeber mögen wir nicht!" krächzte sie. „Deine Ohren, deine Zähne und deine Schnurrbarthaare sind nicht anders als die der anderen Hasen auch!"

„Aber meine Pfoten!" meinte der Hase kleinlaut.

Doch die Krähe beachtete ihn gar nicht weiter. Sie krächzte nur zum Abschied: „Zeige erst einmal, ob du etwas kannst! Dann hast du das Angeben nicht mehr nötig!"

Ja, und viele Tage später wurde ausgerechnet die Krähe von zwei hungrigen Hunden aufgespürt. Der Winter war so kalt gewesen, daß sie abgemagert war und jetzt steifgefroren dasaß und sich kaum noch rühren konnte. So sehr sie auch flatterte und erbärmlich krächzte und schrie, die Hunde würden sie sicher schnell erwischen.

Aber da kam der kleine Angeber herbeigelaufen. Ganz zufällig hatte er zusehen müssen, was mit seiner mageren Tante, der Krähe, geschah. „Ich helfe dir!" brüllte er. Dann lief er, so dicht das nur möglich war, an den beiden Hunden vorbei, daß diese sofort größten Appetit auf Hasenfleisch hatten und hinter ihm her rannten. Doch der Hase schlug einen Bogen nach dem anderen und führte mit seinen Haken die Hunde an der Nase herum, so daß sie endlich ganz erschöpft von ihm abließen. Da hatte sich die Krähe auch längst in Sicherheit gebracht.

Seit diesem Tag waren der Hase und die Krähe die besten Freunde. Sie schalt ihn auch nie mehr wieder, daß er ein Angeber sei. Es war auch nicht nötig. Der kleine Hase hatte in diesem Winter erlebt, was es heißt, Hunger und Angst zu haben. Aber auch, wie mutig einer sein kann, ohne große Worte darüber zu machen.

So war er ein Hase geworden wie alle anderen Hasen auch: ein bißchen ängstlich und ein bißchen mutig. Geradeso wie wir es alle sind.

Deutsches Volksmärchen, neu erzählt von Rolf Krenzer

Der Angsthase

Es war einmal ein Häschen, das war ein richtiger Hasenfuß. Es hatte einfach vor allem Angst: vor den Käfern und Würmern, vor den Nüssen, die durch einen Windstoß vom Baum geschüttelt wurden, vor den Mücken und vor den Sonnenstrahlen, wenn sie durch das Laub der Bäume plötzlich auf den Waldweg schienen. Dann hüpfte der kleine Hase vor Angst und Entsetzen oft viele Meter weit davon. Einmal sagte er zur alten, klugen Eule, die über seinem Nest im Baum wohnte und vor der er von Anfang an keine Angst gehabt hatte: „Ach, wenn ich doch nur ein bißchen mutiger wäre!"

„Du mußt ganz klein anfangen!" riet ihm die Eule. „Wenn du dich vor den kleinen Sachen nicht mehr erschreckst, dann hast du auch vor den großen keine Angst mehr!"

Das leuchtete dem Angsthasen ein. Deshalb versuchte er, sich zunächst einmal einem kleinen Käfer ganz vorsichtig zu nähern, der vor ihm durch das Gras kroch. Der Käfer beachtete ihn überhaupt nicht. Er ließ sich noch nicht einmal aus der Ruhe bringen, als der Kleine einmal kurz an ihm schnupperte.

„Man muß klein anfangen!" sagte der Hase stolz und freute sich, daß er vor dem Käfer nun schon einmal keine Angst mehr hatte.

Dann versuchte er es mit den Würmern. Und bald stellte er zufrieden fest, daß er auch vor den Würmern keine Angst mehr hatte. Immer mehr versuchte der kleine Hase. Er schnüffelte an den Ameisen herum, beroch die Schnecken und Raupen... und hatte einfach keine Angst mehr.

Als er aber am Teich die Frösche aufstöberte, erschraken die so, daß sie vor lauter Angst ins Wasser sprangen. Das platschte nur so, und der kleine Hase rief glücklich: „Jetzt bin ich so stark und mutig, daß alle Angst vor mir haben!"

Als er sich aber umwandte, stand plötzlich der Fuchs vor ihm.

„Vor dir habe ich auch keine Angst!" rief der Hase übermütig. Er dachte gar nicht daran, daß ein Fuchs nun doch etwas ganz anderes ist als ein Wurm oder eine Schnecke oder ein Käfer.

„So!" sagte der Fuchs nur.

Er holte mit seiner Pranke aus und wollte dem kleinen Hasen einen ganz gehörigen Schlag hinter die langen Ohren geben.

Doch blitzschnell sprang der Hase herum und mitten in das Wasser hinein.

„Manchmal ist es doch besser, Angst zu haben!" sagte er zu sich selbst, als er mühselig am anderen Ufer aus dem Teich kletterte. „Wenigstens ein bißchen Angst sollte man haben!" meinte er. „Das ist besser, als zu viel Mut!"

Nach einer Fabel von Aesop, neu erzählt von Rolf Krenzer

Pia und der Osterhase

Als der Schnee gerade geschmolzen war und als die ersten Schneeglöckchen ihre weißen Blüten über das Grün ihrer Stengel und Blätter erhoben, genau an diesem Tag begegnete Pia dem Osterhasen.

Pia war nur einmal in den Garten gelaufen und hatte nachsehen wollen, ob man nicht endlich auf dem Rasen wieder mit dem Ball spielen konnte. Aber im Garten standen noch Pfützchen, die der Schnee übrig gelassen hatte.

Und die Erde klebte an den Schuhen, so daß Pias Schuhsohlen immer dicker wurden.

Ganz hinten im Garten unter dem Nußbaum war der Zaun ein wenig brüchig geworden. Eigentlich wollte Pias Vater ihn schon im letzten Herbst reparieren. Aber dann hatte er es doch vergessen. Jetzt war im Zaun ein richtiges Loch. Und genau durch dieses Loch war der Osterhase in den Garten hineingekommen. Pia entdeckte ihn im Gestrüpp neben dem Nußbaum und blieb wie angewurzelt stehen. Im selben Augenblick entdeckte auch der Osterhase das Mädchen.

Eben noch hatte er an dem Gestrüpp herumgeknabbert. Aber jetzt war er plötzlich von dem unerwarteten Auftauchen Pias so überrascht, daß er ganz ruhig sitzen blieb und das Mädchen mit großen Augen anblickte.

Pia faßte sich zuerst.

„Hallo, Osterhase!" sagte sie freundlich, aber so leise, daß der Hase davon nicht erschreckt werden konnte.

„Das ist aber ein Glück, daß ich dich entdeckt habe!" lachte sie fröhlich. Pia bemerkte, daß sich der Hase offensichtlich auch freute. Jedenfalls zitterten seine Barthaare ganz leicht im Wind. Das konnte Pia deutlich erkennen.

„Du bist in diesem Jahr aber früh!" fügte sie dann zögernd hinzu. „Ich habe noch kein einziges Osternest für die Ostereier gebaut." Pia erinnerte sich daran, daß sie vorigen Ostern mit dem Papa aus Moos und Gras drei schöne Osternester in den Garten gebaut hatte. Und in jedes Nest hatte der Osterhase seine bunten Eier hineingelegt.

Der Osterhase schaute sie unverwandt an. Dabei kam es Pia so vor, als würde er ein bißchen zustimmend nicken. Da sagte sie traurig: „Ich kann auch noch gar keine Nester bauen. Sieh doch nur selbst! Es ist ja alles noch so naß!" Und sie zeigte entschuldigend auf ihre dicken Schuhsohlen aus feuchter Erde.

Der Osterhase ließ auch einen kurzen Blick über den Garten schweifen. Sicher stellte er auch fest, daß es in diesem Jahr für Osternester und Ostereier wirklich noch zu früh war. Schließlich war ja erst in vier Wochen Ostern. Er schnupperte einmal kurz, drehte sich dann blitzschnell herum und hoppelte ebenso schnell auf das Loch im Zaun zu, durch das er im Nu verschwand.

„Vergiß aber nicht, Ostern wieder zu kommen!" rief ihm Pia nach.

Ich will der Mutti erzählen, daß ich den Osterhasen getroffen habe, dachte sie dann und machte sich auf den Weg zur Haustür. Vielleicht würde Mutti nicht ganz so ärgerlich über die schmutzigen Schuhe sein... Vielleicht würde sie nicht ganz so doll schimpfen, daß Pia wieder im Garten gewesen war. Schließlich mußte sich einer ja darum kümmern, daß zu Ostern auch der Osterhase in den Garten kommen würde. Wenn auch erst in vier Wochen Ostern ist.

Rolf Krenzer

Ralf, der Osterhase

Wenn die anderen Kinder Ostereier suchen, wenn sie durch den Garten und über die Wiese rennen, kann Ralf nicht mittun. Ralf kann nämlich nicht laufen. Er sitzt den ganzen Tag in seinem Rollstuhl. Aber auf Ostern freut er sich immer ganz besonders. Am Samstag werden nämlich seine Geschwister abends schon früh ins Bett geschickt. Nur Ralf darf noch aufbleiben. Die Mutter kocht dann die Ostereier. Der Vater holt die Eierfarben und stellt sie vor Ralf auf den Tisch. Und dann färbt Ralf alle Ostereier. Ein Osterei wird schöner als das andere. Es gibt rote, blaue, gelbe und braune Eier. Wenn Ralf ein Ei gefärbt hat, reicht er es seinem Vater. Der Vater reibt dann das Ei mit einer Speckschwarte ein, so daß es glänzt. Wenn einmal ein Ei beim Kochen platzt, dann darf Ralf es schon vor Ostern aufessen.

„Ralf ist unser Osterhase!" lacht die Mutter.

Wenn die Kinder am Ostersonntag Ostereier suchen, wenn sie durch den Garten und über die Wiese rennen, kann Ralf nicht mittun. Aber er sitzt in seinem Rollstuhl vor der Verandatür und freut sich. Er hat nämlich dem Vater ganz genau gesagt, wo er die Eier verstecken soll.

„Hast du vielleicht den Osterhasen gesehen?" fragt Tini, seine kleine Schwester.

Ralf muß so lachen, daß er nicht sprechen kann.

Doch die Mutter sagt: „Ich habe den Osterhasen gesehen!"

Und der Vater nickt: „Ich auch!"

Da muß Ralf noch mehr lachen.   Rolf Krenzer

Tanja und die Ostereier

Endlich geht Tanjas allergrößter Wunsch in Erfüllung. So oft hat sie Mutti und Vati schon gebeten, beim Eierfärben mithelfen zu dürfen. Aber immer haben die Eltern die ganze Sache auf den Osterhasen geschoben und Tanja am Abend vor Ostern ins Bett geschickt. Und am nächsten Morgen waren dann alle Ostereier längst bunt angemalt und im Garten versteckt, so daß Tanja sie suchen mußte. Gewiß hätte Tanja sie ebenso gern gesucht, wenn sie sie selbst angemalt hätte. Aber ihre Eltern sind schrecklich altmodisch. Und das ärgert Tanja manchmal. Aber heute kann ihr nun niemand etwas verbieten. Kein Mensch wird sie heute ins Bett schicken. Und die Ostereier, die morgen von Tanja im Garten gesucht werden, hat Tanja alle selbst angemalt und gefärbt! Ehrlich!

Mutti und Vati sind nämlich mit dem Auto davongefahren. Sie müssen über eine Stunde fahren, um zur Oma zu kommen. Sie wollen die Oma über Ostern zu ihnen holen. Wenn sie dann wieder zurückfahren, brauchen sie noch einmal eine ganze Stunde. Das ist viel Zeit, die sie für das Autofahren brauchen. Und es ist viel Zeit, die Tanja gut nutzen kann. Zum Beispiel zum Ostereierfärben.

Eigentlich sollte Tanja nach dem Kindergarten zu Frau Zeisig von gegenüber gehen, weil die Eltern schon so früh abfahren müssen. Aber ausgerechnet heute hat Frau Zeisig so schlimme Zahnschmerzen bekommen, daß sie gleich zum Zahnarzt mußte. „Du stellst doch nichts an?" hat sie gefragt, als sie Tanja in die Wohnung brachte. „Nein!" hat Tanja geantwortet und kräftig dazu mit dem Kopf geschüttelt.

Dann hat sie die Eier auf dem Kühlschrank entdeckt. Eine ganze Schüssel voller weißer Eier, die morgen bestimmt alle Ostereier sein werden.

Tanja hat auch die Eierfarben entdeckt. Sie weiß, daß in den Tütchen kleine runde Tabletten sind, die man nur in heißem Wasser auflösen muß. Und heißes Wasser hat Tanja schnell aus der Wasserleitung herbeigeholt.

Sie nimmt verschiedene Tassen und legt die kleinen bunten Tabletten hinein. Dann gießt sie Wasser darüber, rührt kräftig um. Schon gibt es eine herrliche Eierfärbebrühe. Eine Tasse mit gelber Farbe, eine mit roter, eine mit blauer und eine mit grüner Farbe.

Was jetzt gemacht werden muß, ist nur noch ein Klacks.

Tanja hat überhaupt keine Schwierigkeiten. Schließlich hat sie ja mit ihrer Gruppe heute morgen im Kindergarten bereits Eier gefärbt. Und sie hat genau zugesehen, wie Frau Krüger alles gezeigt hat. So nimmt sie jetzt ganz vorsichtig ein Ei nach dem anderen mit einem Eßlöffel aus der Schüssel und tunkt sie ebenso vorsichtig in die Tassen mit der Farbe. Und wirklich! Die Eier werden zu richtigen Ostereiern. Das geht im Handumdrehen.

Und wenn wirklich mal ein Ei auf die Fliesen vor dem Kühlschrank fällt, dann kann man es bequem mit dem Putzlappen wieder aufwischen. Das passiert schließlich der Mutti auch schon einmal, meint Tanja. Und Mutti ist eine gute Hausfrau. Jedenfalls behauptet das Vati immer.

Als Vati und Mutti dann später mit der Oma kommen, ist die Wohnung aufgeräumt. Tanja hat die Tassen gespült. Und es ist nur noch ein bißchen Farbe an den Rändern zu sehen. Aber erstens sieht das lustig aus. Und zweitens geht die Farbe bestimmt beim nächsten Spülen wieder ab.

Aber dann staunen sie doch alle, als sie sehen, was Tanja geschafft hat. Das hätte ihr bestimmt keiner zugetraut. Nicht die Mutti! Nicht der Vati! Und die Oma bestimmt schon ganz und gar nicht!

„Ostereier!" sagt Tanja freudig und blickt die Erwachsenen mit glänzenden Augen an.

„Und du hast alle mit Frau Zeisig gefärbt?" fragt Mutti.

„Ganz allein!" strahlt Tanja. „Frau Zeisig mußte ein bißchen zum Zahnarzt!"

„Das ist eine Überraschung!" lacht die Oma und drückt Tanja ganz fest an sich.

„Du darfst ein Osterei essen!" flüstert Tanja und lächelt die Oma an.
Und wirklich! Die Oma nimmt sich ein rotes Ei aus der Schüssel. Und Vati greift nach einem blauen Ei.
Und dann wollen Oma und Vati Eierticken spielen. Das machen sie immer Ostern. Dann schlagen sie die Eier mit ihren Spitzen gegeneinander. Jeder ist stolz, wenn sein Ei dabei nicht kaputtgeht.
Diesmal ist das Eier-Ticken-Spiel nicht so schön wie sonst.
Es knackt nur, dann schwabbelt das Eigelb über Omas Bluse und über Vatis Pullover. Und dann stört es noch, daß Mutti so laut schreit.
Und dann müssen die Kleider gewechselt werden. Und Mutti muß die Küche putzen. Und Tanja muß überall mithelfen, obwohl sie sich solche Mühe beim Eierfärben gegeben hat.
„Das kommt davon, wenn einem im Kindergarten alles nicht richtig gezeigt wird!" schimpft Tanja leise vor sich hin. Frau Krüger hatte die Eier vorher gekocht und dann ihren Kindern zum Anmalen und Färben überlassen.
Aber ein bißchen ist Tanja auch gespannt, was passiert, wenn die bunten Eier jetzt noch gekocht werden sollen.
Bleibt die Farbe dran? Werden es richtige bunte Ostereier?
Geht die Farbe ab?
Aber Ostereier werden es ganz bestimmt. Sie sind ja für morgen bestimmt.
Und morgen ist Ostern!   Rolf Krenzer

Rolands Lieblingsostereier

Andere Kinder mögen daran glauben, daß der Osterhase die Ostereier färbt und ins Nest legt. Roland nicht. Roland darf nämlich immer beim Färben der Ostereier helfen. Darauf freut er sich seit Weihnachten.
Die Mutter kocht die Eier, und Roland malt sie mit besonderen Farbstiften bunt. Anschließend darf er andere gekochte Eier in die Schälchen mit der Farbe legen. Da gibt es rote, gelbe, blaue und grüne Ostereier. Zum Schluß reibt er alle gefärbten Ostereier mit einer Speckschwarte so lange ab, bis sie ganz glänzend werden.
Am liebsten aber hat Roland die Ostereier, die in Zwiebelschalen gefärbt werden. Die Mutter hat viele Zwiebelschalen gesammelt. Sie legt sie alle in einen großen Topf und gießt etwas Essig dazu. Wenn die Zwiebelschalen richtig kochen, darf Roland die Eier hineinlegen. Wenn die Mutter sie dann später herausholt, sind sie herrlich braun und haben kleine Muster. Das kommt von den Zwiebelschalen.
Natürlich sucht Roland genau wie die anderen Kinder am Ostersonntag die Ostereier im Garten. Wenn der Osterkorb voll ist, sucht er die schönsten Eier heraus: ein gelbes, ein grünes, ein rotes, ein blaues und zwei braune Zwiebelschaleneier.
Der Vater nimmt Roland an der Hand, und sie machen zusammen einen Osterspaziergang. Sie gehen durch den Wald bis zu dem großen Ameisenhaufen.

Dort packt Roland ein Osterei nach dem anderen aus und legt es mitten in den Ameisenhaufen hinein.

Sofort kommen die Ameisen angestürzt. Sie krabbeln über die bunten Ostereier. Immer mehr Ameisen kommen hinzu. Dort, wo sie gelaufen sind, hinterlassen sie auf der bunten Eierschale weiße Spuren. Roland läßt dann lieber den Vater die Ostereier wieder aus dem Ameisenhaufen herausholen. Er will nicht von den Ameisen gebissen werden.

Aber wenn dann alle Eier wieder im Korb sind, hält er seine Nase ganz dicht daran. Sie riechen jetzt ganz besonders gut.

Die Ostereier, die einmal im Ameisenhaufen gelegen haben, sind Rolands Lieblingsostereier. Die ißt er zu allerletzt auf. Rolf Krenzer

Geschützt in einem kleinen Stall

Heinz und Gerd sind eifrig bei der Arbeit. Sie sägen und hämmern.

Gerds kleine Schwester steht neugierig dabei. Sie meint: „Schade, daß das kein Puppenhaus gibt!"

Da kommt die Mutter in den Garten. Sie bringt belegte Brote und für jeden ein Glas Saft. Sie fragt: „Ist euer Stall bald fertig?"

Heinz nickt: „Wir müssen jetzt noch die Beine anbringen. Und auf das Dach kleben wir Dachpappe. Dann kann es nicht durchregnen."

Gerd hat die Rückwand festgenagelt. Er hängt jetzt die Tür mit dem Drahtgitter ein. Dann macht er auch Pause.

Die Mutter sieht sich den Stall von allen Seiten an. Sie meint: „Hier wird sich euer Kaninchen bestimmt wohlfühlen. Meine Eltern haben früher viele Kaninchen gehalten. Es war nach dem Krieg, und man konnte kein Fleisch kaufen. Ich mußte jeden Tag Futter suchen. Futter für zwanzig Kaninchen. Schwere Taschen voll Klee und Löwenzahn habe ich heimgeschleppt. Und Weihnachten hatten wir einen guten Kaninchenbraten."

Gerd ist richtig böse. „Wir wollen unser Kaninchen aber nicht aufessen!" sagt er empört.

Die Mutter beruhigt ihn: „Bestimmt nicht. Ich wollte euch die Freude nicht verderben!"

Heinz und Gerd beeilen sich mit dem Essen. Sie haben noch viel vor.

Jetzt nagelt und leimt Heinz die Dachpappe fest. Gerd holt Stroh herbei. Damit legt er den Boden des Stalles aus.

Nun muß die Mutter noch einen Karton herausrücken.

„Darf ich mit, wenn sie das Kaninchen bei Strömmers holen?" fragt die kleine Susanne ganz aufgeregt.

Die Mutter erlaubt es. So ziehen alle drei los.

Strömmers haben viele Kaninchen. Herr Strömmer zeigt ihnen die schwarzen, weißen und die gescheckten Tiere. Sie flitzen wild im Stall hin und her. In einem Stall ist sogar ein Nest. Die Kaninchen-Mutter hat es aus ihren eigenen Haaren gebaut. Im Nest liegen winzig kleine Kaninchen.

Susanne meint: „Sie haben ihre Augen fest zu!"

78

„Geh nicht zu nahe heran!" warnt Herr Strömmer. „Die Alte kratzt, wenn sie ihre Jungen in Gefahr sieht!"
Dann zeigt er ihnen das Kaninchen, das die beiden Jungen bekommen sollen. Er öffnet das Türchen des Stalls. Susanne darf das Fell sogar streicheln. Das Kaninchen ist ganz zahm. Es hat ein geschecktes Fell. Es nimmt sofort die Möhre, die Heinz ihm reicht. Eifrig knabbert es daran. Herr Strömmer packt das Tier mit einem Griff und setzt es in den Karton. „Nun tragt es vorsichtig nach Hause!" sagt er. „Ich wünsche euch viel Spaß mit eurem Kaninchen. Und vergeßt nicht, es immer gut zu füttern!"
„Bestimmt nicht!" sagen alle drei. Dann beeilen sie sich. Sie sind ja so gespannt, ob dem Kaninchen sein neuer Stall gefällt.   Rolf Krenzer

Lieder und Spiellieder

Heute kommt der Osterhas'

Text und Melodie: Inge Lotz

Heu - te kommt der O - ster - has' mit den lan - gen Oh - ren.
Hüpft mal hin und hüpft mal her und hat was ver - lo - ren.

Häs - chen hüpf, Häs - chen hüpf, Häs - chen hüpf!

aus: „Hast du unsern Hund gesehen?", Verlag Ernst Kaufmann, Lahr und Kösel-Verlag, München

Die Kinder sitzen im Kreis. Jedes Kind hat ein Osternest hinter sich aufgestellt. Ein Kind spielt den Osterhasen. Der Osterhase hüpft außen um den Kreis herum und legt – möglichst unbemerkt, einem Kind ein Ei in das Nest. Das Kind, welches das Ei gefunden hat, darf dann den Osterhasen spielen.

Zwei Hasen
Text und Melodie volkstümlich (Anfang des 19. Jahrhunderts) aus Hessen

Zwi - schen Berg und tie - fem, tie - fem Tal sa - ßen einst zwei

Ha - sen, fra - ßen ab das grü - ne, grü - ne Gras,

fra - ßen ab das grü - ne, grü - ne Gras bis auf den Ra - sen.

80

Als sie sich nun satt gefressen hatt'n,
hockten sie sich nieder,
bis daß der Jäger, Jäger kam,
bis daß der Jäger, Jäger kam
und schoß sie nieder.

Als sie sich nun aufgerappelt hatt'n
und sich schnell besannen,
daß sie noch am Leben, Leben war'n,
daß sie noch am Leben, Leben war'n,
liefen sie von dannen.

Zwei Kinder hocken im Kreis und sind die Häschen. Mit ihren Händen deuten sie
die Hasenohren an. Wenn dann der Jäger schießt, fallen sie um. Natürlich hat
der Jäger keinen Hasen getroffen. Die Häschen rappeln sich auf und flitzen davon. Der Jäger muß ihnen nachlaufen. Wenn er ein Häschen fängt, muß der ge-
fangene Spieler in der nächsten Runde der Jäger sein.

Der Hase und der Jäger

Volksweise

Ge-stern a - bend ging ich aus, ging wohl in den Wald hin - aus,
saß ein Ha - se hinterm Strauch, guckt mit sei - nen Au-gen raus,
kommt dann dicht zu mir her - an, daß er mit mir re - den kann.

„Bist du nicht der Jägersmann,
hetzt auf mich die Hunde an?
Wenn der Jagdhund mich ertappt,
hat er längst mich auch geschnappt.
Wenn ich an mein Schicksal denk',
ich mich recht von Herzen kränk'."

„Armes Häschen, bist so blaß,
geh den Bauern nicht ins Gras,
geh den Bauern nicht ins Kraut,
sonst bezahlst mit deiner Haut.
Spare dir die Not und Pein,
kannst mit Lust ein Hase sein."

Osterhasen-Kanon

Text: Rolf Krenzer / Melodie: Hans-Werner Clasen

Herr O-ster-has', Herr O-ster-has', ach brin-gen Sie uns Ei - er!
Herr O-ster-has', Herr O-ster-has', für uns-re O - ster - fei - er,

in un - ser O - ster - nest für un - ser O - ster - fest!

aus: „Ich schenke dir ein Lied von mir", Edition Kemper im Verlag Ernst Kaufmann, Lahr

Häschen in der Grube

Worte: 1. Str. Fröbel, 2. Str. mündlich überliefert
Volksweise

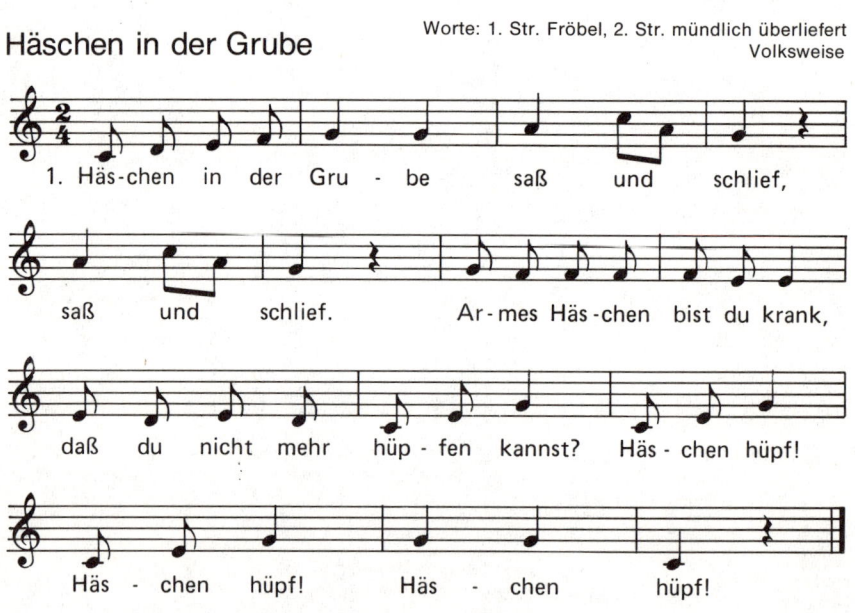

1. Häs-chen in der Gru - be saß und schlief,

saß und schlief. Ar-mes Häs-chen bist du krank,

daß du nicht mehr hüp - fen kannst? Häs - chen hüpf!

Häs - chen hüpf! Häs - chen hüpf!

2. Häschen, vor dem Hunde hüte dich!
   Er hat einen scharfen Zahn,
   packt damit mein Häschen an.
   Häschen lauf, Häschen lauf!

Spiellied im Kreis, bei dem jeder einmal das Häschen sein darf. In der zweiten Strophe rennt der Hund hinter dem Häschen her. Wenn er es fängt, darf er das Häschen sein, das von einem neuen Hund gejagt wird.

Osterhasenhoppelmarsch

Text: Rolf Krenzer / Melodie: überliefert

1. Ein O-ster - ha-se hop-pelt durch das Gras, wak-kelt mit dem

Schwänzchen, und das macht viel Spaß, hop-pelt rundhe-rum im Kreis zu

un - serm Lied, bleibt dann vor dir stehn und bit - tet: Komm doch mit!

2. Zwei Osterhasen hoppeln durch das Gras,
   wackeln mit den Schwänzchen, und das macht viel Spaß,
   hoppeln rundherum im Kreis zu unserm Lied,
   bleiben vor dir stehn und bitten: Komm doch mit!

3. Drei Osterhasen hoppeln durch das Gras...
4. Vier Osterhasen...
5. Fünf Osterhasen... usw. usw., bis alle mitmachen.

Selbstverständlich können es auch statt der Osterhasen „kleine Hasen" oder „dicke Hasen", „Hasenkinder", „Hasenweibchen" oder „Hasenmännchen" sein.

Wir gehen Hand in Hand im Kreis.
Ein Spieler ist der Hase und hoppelt im Kreis herum. Dabei zeigt er mit beiden Händen neben dem Gesicht in der ersten Zeile die Hasenohren an. In der zweiten Zeile wackelt er mit dem imaginären Schwänzchen am Po, zur dritten Zeile hoppelt er so wie ein Hase nun mal hoppelt. In der vierten Zeile aber bleibt er vor einem Mitspieler im Kreis stehen und fordert ihn auf, nun als Hase mit in den Kreis zu kommen. Dann sind es bereits zwei Hasen, die herumhoppeln, ...und es werden von Strophe zu Strophe immer mehr.
Wer Lust hat, kann am Ende immer einen Hasen mehr herauskommen lassen, so daß es immer weniger werden:
Fünf Osterhasen hoppeln durch das Gras.
Einer ist so müde, und vorbei der Spaß.
Hat genug vom Hoppeln, und er nimmt Reißaus,
legt sich hin und schläft sich erst mal gründlich aus.
Vier Osterhasen...
Drei Osterhasen...
Zwei Osterhasen...

Ein Osterhase hoppelt durch das Gras,
und er ist so müde, und vorbei der Spaß,
hat genug vom Hoppeln, will nur Schlaf und Ruh,
legt sich zu den andern Häschen auch dazu.
Dann liegen alle rundherum im Kreis und schlafen... und schnarchen, daß man
es weit, weit hören kann.

Wer hat den Osterhasen gesehn? Melodie: Inge Lotz / Text: Rolf Krenzer

Wer hat den O - ster - ha - sen, den O - ster - hi - ha -
ist mit un - serm Ra - sen, mit un - serm Ri - ra -

ha - sen, bei uns zu Haus ge - sehn? Was - schehn?
Ra - sen, denn heu - te früh ge -

Da lie - gen Ei - er, rot und blau und gelb und

braun, ja schaut ge - nau. Wir su - chen auf dem

Ra - sen in je - dem O - ster - nest. Wir - nest.

2. Und fangen wir den Hasen,
dann halten wir ihn fest.
Wir bieten ihm Karotten an,
bedanken uns ganz höflich dann.
Wir streicheln zart dem Hasen
das braune weiche Fell.
Dann springt er übern Rasen;
verschwunden ist er schnell.

aus: „Wir sind die Musikanten", Verlag Ernst Kaufmann, Lahr und Kösel-Verlag, München

Ein Jäger längs dem Weiher ging

Volksweise

1. Ein Jä - ger längs dem Wei - her ging. Lauf,
Jä - ger lauf! Die Däm-me - rung den Wald um - fing.
Lauf, Jä - ger lauf, Jä - ger lauf, lauf, lauf, mein
lie - ber Jä - ger, gu - ter Jä - ger, lauf, lauf, lauf, mein
lie - ber Jä - ger lauf, mein lie - ber Jä - ger lauf.

2. Was raschelt in dem Grase dort? Lauf, Jäger lauf!
Was flüstert leise fort und fort? Lauf, Jäger lauf!

85

3. Was ist das für ein Untier doch? Lauf, Jäger lauf!
   Hat Ohren wie ein Blocksberg hoch! Lauf, Jäger lauf!

4. Das muß fürwahr ein Kobold sein! Lauf, Jäger lauf!
   Hat Augen wie Karfunkelstein! Lauf, Jäger lauf!

5. Der Jäger furchtsam um sich schaut. Lauf, Jäger lauf!
   Jetzt will ich's wagen, – o mir graut! Lauf, Jäger lauf!

6. O Jäger, laß die Büchse ruhn, lauf, Jäger lauf!
   Das Tier könnt dir ein Leides tun! Lauf, Jäger lauf!

7. Der Jäger lief zum Wald hinaus, lauf, Jäger lauf!
   Verkroch sich flink im Jägerhaus. Lauf, Jäger lauf!

8. Das Häschen spielt im Mondenschein, lauf, Jäger lauf!
   Ihm leuchten froh die Äugelein. Lauf, Jäger lauf!

Willst du mit mir spazierengehn?

Text: Rolf Krenzer
Melodie: Hans-Werner Clasen

1. Willst du mit mir spa - zie-ren gehn? Dann kannst du ei - nen Ha-sen sehn. Ver - steck dich und gib acht! Schau, was der Ha-se macht. Er hop-pelt hin und hop-pelt her. Das

86

Hop - peln fällt ihm gar - nicht schwer. Er hop - pelt her und

hop - pelt hin und hat nichts an - de - res im Sinn. Doch

kriegt er ei - nen Schreck, dann hop - pelt, dann

hop - pelt, dann hop - pelt er schnell weg, dann

hop - pelt, dann hop - pelt, dann hop - pelt er schnell weg.

2. Willst du mit mir spazierengehn?
   Dann kannst du einen Hirsch bald sehn.
   Versteck' dich und gib acht!
   Schau, was der Hirsch dann macht.
   Er schreitet hin und schreitet her.
   Das Schreiten fällt ihm gar nicht schwer.
   ...usw.

Alle Tiere, denen man begegnen kann, werden jeweils von einem Spieler im Kreis oder von allen dargestellt.

Als *Menschenschattenspiel* lasen sich vor oder hinter einer angestrahlten Leinwand die Tiere mit wenigen Attributen darstellen, z. B. Hase mit Pappohren, Schnecke mit Rucksack auf dem Rücken, Hirsch mit Zweig als Geweih, Storch mit Schnabel, Schlange: zwei Kinder hintereinander.

Weitere Stropheninhalte:

Die Schlange schlängelt hin und her.
Die Schnecke kriecht so hin und her.
Der Frosch hüpft munter hin und her.
Der Storch klappert,
die Maus flitzt,
der Maulwurf gräbt,
der Fuchs schleicht,
der Käfer krabbelt usw.

aus: „Ich schenke dir ein Lied von mir", Edition Kemper im Verlag Ernst Kaufmann, Lahr

Ostern ist da

Altes Osterkinderlied

1.–2. Ei - a, ei - a! O - stern ist da!

1. Fa - sten ist vor - ü - ber, das ist mir lie - ber.
2. Ei - er - lein und Wek - ken viel bes - ser schmek - ken.

1.–2. Ei - a, ei - a! O - stern ist da!

Der Osterhase

Volksweise

1. Schaut, wer sitzt denn dort im Gras? Stil - le, still,
der Has', der Has'! Guckt mit sei -nem lan - gen Ohr
aus dem grü - nen Gras her - vor. Laßt uns schau -en,
was im Nest liegt so ku - gel - rund und fest.

2. Eier, blau und grün und fleckig,
   Eier, rot und gelb und scheckig.
   Häslein in dem grünen Wald,
   bin dir gut und dank dir halt.
   Häslein mit dem langen Ohr,
   dank dir tausendmal davor!

Dort im Grase

mündlich überliefert

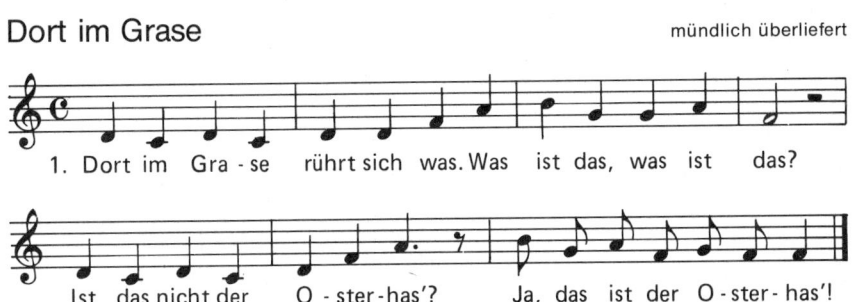

1. Dort im Gra - se rührt sich was. Was ist das, was ist das?
   Ist das nicht der O - ster -has'? Ja, das ist der O -ster - has'!

2. Osterhas' mit seiner Frau, schau, schau, schau, schau, schau, schau;
   färbt die Eier rot und blau, färbt die Eier rot und blau.

Hasenringelreihn

Harro Torneck

1. Ü - ber Stock und ü - ber Stein
2. Tan - zen, Sin - gen, das ist fein,
3. Bei dem schö - nen Ha - sen - lied
4. Heut wärmt noch der Son - ne Strahl,

geht der Ha - sen - rin - gel - reihn. Wenn wir auf den
laßt uns al - le fröh - lich sein! Uns - re wei - ßen
sum - men al - le Bie - nen mit, al - le Grä - ser
mor - gen ist es kalt und kahl. Bläst der Wind dann

Kop - peln hop - peln, la - chen al - le Vö - ge - lein.
Stum - melschwänzchen leuch - ten in die Welt hin - ein.
al - le Blu - men wie - gen sich im Tak - te mit.
auf dem Hü - gel, sit - zen warm wir längst im Tal.

aus: „Liederringelreihen", Hüllenhagen & Griehl Verlag, Hamburg 73

Schneeglöckchen, kling

Melodie aus Franken 1816 / Text mündlich überliefert

Schnee - glöck - chen, kling, Früh - ling uns bring,

bring uns den Son - nen - schein, wacht auf ihr

Blü - me - lein, Schneeglöckchen, kling, Früh - ling uns bring.

90

2. Vöglein, trara,
   sind wieder da,
   bau'n sich ein Nestchen klein
   für ihre Kinderlein,
   Vöglein, trara...

3. Häslein, husch husch,
   durch Feld und Busch,
   sind uns zum Osterfest
   die allerliebsten Gäst',
   Häslein, husch husch...

Das Osterhäslein

Melodie: K. A. Kern / Text: G. Chr. Dieffenbach

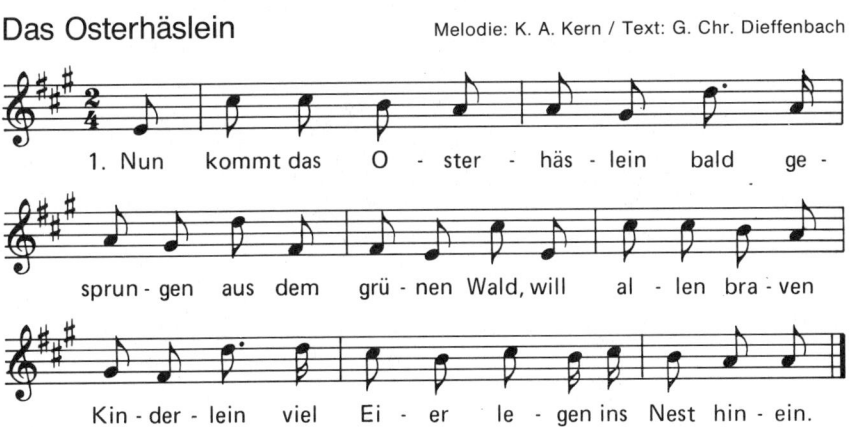

1. Nun kommt das O - ster - häs - lein bald ge -
sprun - gen aus dem grü - nen Wald, will al - len bra - ven
Kin - der - lein viel Ei - er le - gen ins Nest hin - ein.

2. Was frißt das Osterhäslein gern?
   Frißt's wohl Rosinen und Mandelkern?
   Nein – Blümlein gelb und rot wie Blut
   und grünes Gras, das schmeckt ihm gut.

3. Dann legt es auch ein rotes Ei.
   vielleicht ein gelbes noch dabei,
   und springt geschwinde husch, husch, husch,
   dann wieder fort in Wald und Busch.

4. Komm, Osterhäslein, komm zu mir,
   dein Nestlein ist schon fertig hier
   von weichem Moos gar zart und fein,
   leg nur manch schönes Ei hinein!

aus: „60 Kinderlieder", Dr. Fritz Fikentscher Verlag, Leipzig 1929

Osterlied

Text: Karola Wilke / Melodie: Wolfgang Stumme

1. Bun - te O - ster - ei - er, der O - ster - has' ist da!

Er saß in grü - nen Bü - schen, ich konnt' ihn nicht er -

wi - schen. Bun - te O - ster - ei - er, der O - ster - has' ist da!

2. Grüne Osterruten, die Eier suchen wir,
   und wer noch keines finden kann,
   der fängt noch mal von vorne an.
   Grüne Osterruten, die Eier suchen wir.

aus: „Der große Wagen", Möseler-Verlag, Wolfenbüttel

Passionszeit – Karfreitag – Auferstehung – Ostern

Die Texte und Lieder, die hier vorgestellt werden, versuchen in einfacher Sprache die biblischen Passions- und Ostergeschichten wiederzugeben: Jesus zieht in Jerusalem ein – Er ißt und trinkt mit seinen Jüngern – Er wird verraten, gefangen genommen, gefoltert und schließlich zum Tode verurteilt – Jesus stirbt am Kreuz – Jesus steht auf von den Toten – Jesu Jünger begegnen dem Auferstandenen.

Das sind alles Texte, die Kindern nur ganz behutsam erzählt oder vorgelesen werden können. Hier richtet sich die Auswahl nach dem Alter der Kinder, nach dem Auffassungsvermögen und auch danach, in welcher Weise es gelingt, weiter über die Geschichten nachzudenken und zu sprechen.

So sind die hier aufgenommenen Lieder und Texte wirklich als „Angebot" zu verstehen. Deshalb gibt es auch zu einer biblischen Geschichte unterschiedlich gestaltete Vorschläge, die je nach dem Auffassungsvermögen der einzelnen Kinder eingesetzt werden können. Dazwischen stehen immer wieder Texte und Lieder, die für das Kind den aktuellen Bezug zu den Kirchenfesten oder zur Situation im Kindergarten herstellen.

Jesus zieht in Jerusalem ein

In der Geschichte „Palmsonntag" werden die Erlebnisse des kleinen Florian geschildert, der den Sonntag vor Ostern in der Messe erlebt. Im Gottesdienst erlebt er etwas von dem mit, was damals geschah, als Jesus in Jerusalem einzog. Danach folgt in einfacher Sprache erzählt die entsprechende Perikope aus dem Neuen Testament. Das Geschehen wird dann in unterschiedlich schwierigen Liedern aufgegriffen und kann durch Spielen und Singen erlebnishaft vertieft werden.

Jesus trinkt und ißt mit seinen Freunden

Das gemeinsame Essen mit Menschen, die man lieb hat, das Mahl im Gottesdienst, steht hier im Mittelpunkt. Die Lieder erzählen noch mehr davon, nämlich, daß alle von Gott eingeladen sind, daß jeder mit dabei sein darf, wenn ein Fest gefeiert wird, in dessen Mittelpunkt Gott steht.

Passion – Karfreitag – Auferstehung – Ostern

Zunächst wird zu dem Stichwort „Karfreitag" so berichtet, wie es ein Kind im Kindergottesdienst erfahren kann, in dem die Stationen des Leidensweges Christi benannt werden. Sie folgen später in Einzelgeschichten. Hier wird das Gebet, das Jesus uns lehrte, in den Mittelpunkt gestellt und ganz direkt in Beziehung zu Karfreitag und Ostern gebracht. Die Worte des Gebetes werden von

Kindern gern gesungen. Hierbei ist es gut, wenn der Erzieher jeweils eine Zeile vorsingt, die dann von den Kindern wiederholt wird.

Sehr gut einsetzbare Vaterunser-Lieder findet man in der Vertonung von Ludger Edelkötter auf der LP/MC „Halte zu mir heute, guter Gott" (Impulse-Musikverlag, 4406 Drensteinfurt und Studio Union, Limburg) und in der Vertonung von Hans-Werner Clasen und Gertrud Lorenz in den Liederbüchern „Regenbogen bunt und schön" und „100 einfache Lieder Religion", beide Verlag Ernst Kaufmann, Lahr – Kösel-Verlag, München.

Der Schilderung von der Gefangennahme Jesu, der Folterung und Verurteilung folgt das Gebet „Wir haben von deinem Leiden gesprochen", das während der Passionszeit so oder in ähnlicher Form öfters gesprochen werden kann. Zur Geschichte von der „Verleugnung des Petrus" wurde ein Vorschlag für ein Spiel (s. Seite 132) aufgenommen.

Um Kinder an das Geschehen des Karfreitag heranzuführen, kann der Text „Gut, daß Gott noch da ist" eingesetzt werden. Er macht trotz des unermeßlichen Leidens das grenzenlose Vertrauen Jesu zu Gott deutlich, aber auch den Trost, den wir immer wieder, auch in bitterster Not, erfahren dürfen: Gott kümmert sich um Jesus – Gott kümmert sich auch um uns.

Das Ostergeschehen wird den Kindern nahegebracht in den Erzählungen „Die Ostergeschichte" und „Die Feier der Osternacht". Daneben wird in sprachlich einfacher Form von dem erzählt, was das Neue Testament über die Auferstehung Jesu berichtet. Gebete und Gedichte, die das Ostergeschehen aufgreifen, sind hinzugefügt. Danach folgen Lieder, die von dem Leiden und Auferstehen Jesu erzählen.

Zu den Inhalten können folgende Medien zur Verdeutlichung eingesetzt werden:

Bilder zum Ausmalen, Ausschneiden usw. in R. Krenzer / R. Rogge: Erste Arbeitsblätter Religion 1: Das Kirchenjahr, Verlag Ernst Kaufmann, Lahr / Kösel-Verlag, München – R. Krenzer / H. Wondra: Christusgeschichten, Reha-Verlag, Bonn-Bad Godesberg – R. Krenzer / D. Domina: Geschichten und Bilder zum Kirchenjahr, Reha-Verlag, Bonn-Bad Godesberg.

Flanellbilder: Reinhard Herrmann: Flanellbilder zur Bibel, Mappen EK 2003 – EK 2009, Verlag Ernst Kaufmann, Lahr.

Große farbige Bilder zum Erstellen eines Bilderfrieses zur Passionszeit in H. Wondra: Bilder und Geschichten von Jesus, Hirschgraben-Verlag, Frankfurt/M.

Weitere aktuelle Texte zum Thema Ostern findet man in R. Krenzer / V. Fritz (Hrsg.): 100 einfache Texte zum Kirchenjahr, Verlag Ernst Kaufmann, Lahr / Kösel-Verlag, München und in R. Krenzer (Hrsg.): Ich wünsche dir ein gutes Jahr, Lahn-Verlag, Limburg.

Arbeitsbuch mit Bildern ohne Text: Kommt alle und seid froh, Hirschgraben-Verlag, Frankfurt/M.

Bilderbuch: Kees de Kort, Jesus ist auferstanden, Deutsche Bibelgesellschaft, Stuttgart.

Schallplatten / Musicassetten: Biblische Spiellieder zum Misereor-Hungertuch aus Haiti. – Wir feiern heut ein Fest – Einfache Lieder zum Kirchenjahr, beide Impulse-Musikverlag, 4406 Drensteinfurt. – Kommt alle und seid froh, Peter Janssens Musikverlag, 4404 Telgte. – Ich wünsche dir ein gutes Jahr, Studio Union, Limburg – Abakus-Schallplatten Barbara Fietz, 6349 Greifenstein 2.

Texte zur Passion und Auferstehung Jesu

Palmsonntag

Als Florian mit seinen Eltern am Palmsonntag zur Messe will, wundert er sich. Vor der Kirchentür stehen alle im Halbkreis um einen kleinen Tisch herum und warten. Auf dem Tisch steht zwischen zwei brennenden Kerzen ein großer Korb mit grünen Zweigen. Zwei Meßdiener in langen Kleidern stehen daneben und schauen den Pfarrer, der heute ein rotes Gewand trägt, erwartungsvoll an.
Die Leute machen Florian ein wenig Platz, so daß er gleich in die vorderste Reihe kommen und alles sehen kann.
Jetzt winkt der Pfarrer den Meßdienern zu, und sie beginnen, die Zweige aus dem Korb an alle Leute zu verteilen. Florian erhält einen großen grünen Zweig, den er ganz vorsichtig in seiner Hand hält.
Als alle Leute die Zweige erhalten haben, geht der Pfarrer herum und besprizt die Zweige mit geweihtem Wasser. Florian bekommt sogar einen Spritzer mitten ins Gesicht, so daß er ein bißchen lachen muß.
Jetzt spricht der Pfarrer. „Als Jesus in Jerusalem einzog, haben ihm die Leute zugejubelt", sagt er. „Sie hatten grüne Palmzweige in ihren Händen und winkten ihm zu. Sie begrüßten ihn so, wie man einen König begrüßt. Wir haben heute auch grüne Zweige in unseren Händen, weil wir unseren König grüßen wollen. Und unser König heißt Jesus Christus!"
Darauf stimmt der Pfarrer ein Lied an, und alle Leute singen laut mit. Die beiden Meßdiener nehmen die Kerzen und öffnen die Kirchentür, und gemeinsam ziehen alle mit den grünen Zweigen in ihren Händen und mit Gesang in die Kirche ein.
Der Vater faßt Florian an der Hand, so daß er sich neben ihn in die Kirchenbank setzen kann. Dann beginnt die Messe.
Um den Altar herum sitzen einige ältere Kinder. Jedes Kind hat einen Zettel in der Hand. Als der Pfarrer ihnen zunickt, lesen sie hintereinander vor, was auf ihren Zetteln aufgeschrieben ist. Es ist ein Kapitel aus der Bibel. Es ist die Geschichte vom Einzug Jesu in Jerusalem. Aber sie lesen auch vor, daß Jesus verraten und gefangen genommen wurde, daß er verspottet und geschlagen und schließlich an das Kreuz geschlagen wurde. Sie lesen vor, daß Jesus an diesem Kreuz gestorben ist, und daß seine Freunde alle sehr traurig waren.
Florian schaut sich in der Kirche um. Die Menschen haben ihre Köpfe gesenkt.

Sie hören zu und denken an Jesus, der so viel hat erleiden müssen. Es ist ganz still in der Kirche, als die Kinder ihr Vorlesen beendet haben.
Dann spricht der Pfarrer. Er sagt: „Jesus ist am Kreuz gestorben. Aber wir dürfen froh sein, weil Jesus stärker als der Tod ist. Sie haben ihn vom Kreuz heruntergenommen und in einem Grab begraben. Das war vor Ostern. Aber dann ist er vom Tod auferstanden. Er hat den Tod besiegt."
Florian blickt auf den grünen Zweig, den er noch immer in seiner Hand hält. Draußen ist es noch kalt. Nur an einigen warmen Plätzen beginnen die ersten Frühlingsblumen zu blühen. Aber der Zweig in seiner Hand macht deutlich, daß alles wieder zu leben beginnt. Er streichelt ganz vorsichtig die zarten Blätter und fühlt, daß er nicht mehr traurig ist. Ja, Jesus hat den Tod besiegt, und am nächsten Sonntag ist Ostern.
Von Ostern und von der Auferstehung erzählt auch das Lied, das jetzt alle zusammen singen. Florian hat es schon einmal gehört. Er blickt zu seinen Eltern auf, die laut mitsingen und freut sich. Als sie später nach Hause gehen, trägt Florian auch die grünen Zweige seiner Eltern.
„Wir haben doch die schöne Glasvase!" sagt er. „Ich fülle sie mit Wasser und stelle dann die grünen Zweige hinein!"

Rolf Krenzer

Ein Esel steht bereit

Drei Jahre lang ist Jesus mit seinen Jüngern
von Stadt zu Stadt gegangen.
Überall hat er den Menschen von Gott
und Gottes Botschaft erzählt.
Jesus ist Gottes Sohn.
Viele Menschen haben Jesus kennengelernt.
Viele Menschen lieben ihn.
Andere Menschen ärgern sich über ihn.
Sie ärgern sich über das, was er sagt.
Sie ärgern sich über das, was er tut.

Jetzt geht Jesus zur Hauptstadt des Landes.
Er geht nach Jerusalem.
Da sagt Jesus zu zwei Jüngern:
„Bald sind wir in Jerusalem.
Geht schon vor zum nächsten Dorf.
Am Eingang des Dorfes werdet ihr einen Esel finden,
der dort angebunden ist.
Bindet ihn los und bringt ihn mir.
Wenn euch jemand fragt: ‚Was tut ihr?',
dann sagt: ‚Der Herr braucht ihn.'
Er wird ihn bald wieder zurückschicken!"

Und wirklich! Die Jünger finden den Esel
und binden ihn los.
Da laufen die Leute herbei, denen der Esel gehört.
Sie fragen: „Was tut ihr?"
Die Jünger antworten: „Der Herr braucht ihn!
Jesus braucht ihn!
Er wird ihn bald wieder zurückschicken!"
„Nehmt den Esel nur mit!" sagen die Leute.

Markus 11, 1–6, Matthäus 21, 1–6, Lukas 19, 28–35, nacherzählt von Rolf Krenzer

Palmsonntag

Das Eselein, das Eselein,
mit Ohren lang und Hufen klein,
das trug den Herrn zur Stadt hinein –
am Palmentag.   Volksgut

Jesus kommt nach Jerusalem

Jesus reitet auf einem Esel nach Jerusalem.
Er reitet durch die Straßen der Hauptstadt.
Die Leute rufen: „Jesus ist hier.
Jesus ist der König,
den Gott zu uns geschickt hat!"
Sie winken Jesus zu.
Sie legen Kleider auf die Straße.
Das ist wie ein Teppich.
Und Jesus reitet über den Teppich aus Kleidern.

Gottes Sohn reitet durch die Straßen der Stadt.
Viele Menschen freuen sich.
Aber Jesus hat auch Feinde.
Sie haben sich schon oft über Jesus geärgert.
Sie ärgern sich,
weil Jesus wie ein König durch die Stadt zieht.

Jesus ist Gottes Sohn.
Jesus zieht in Jerusalem ein.
Aber Jesus weiß, daß er in Jerusalem sterben muß.
Seine Feinde verfolgen ihn.
Sie wollen ihn töten.

Lukas 19, 34–44, Matthäus 21, 7–11, Markus 11, 7–10, Johannes 12, 12–15
nacherzählt von Rolf Krenzer

Der Esel, der den Herrn trug

Ich bin der Esel,
daß ihr's wißt,
der einst dabei gewesen ist,
als Jesus in die Stadt zog ein.
Ich trug den Herrn da ganz allein.

Die Leute jubelten ihm zu
und riefen: „Unser Herr bist du!
Bald wirst du unser König sein!"
So liefen sie uns hinterdrein.

Er war es nicht gewohnt, das Reiten.
Ich ließ ihn nicht heruntergleiten.
Ich trug behutsam unsern Herrn.
Ich trug ihn sicher, trug ihn gern,
ließ mich nicht stör'n von Kleidern, Zweigen,
tat vorsichtig darübersteigen.

Der Herr saß auf dem Eselsrücken.
Da tat ich gern den Rücken bücken,
hat es doch sonst in meinem Leben
nie wieder solch ein Fest gegeben.

Als Jesus in die Stadt zog ein,
trug ich den Herrn da ganz allein.
Ich bin der Esel,
daß ihr's wißt,
der einst dabei gewesen ist.

Rolf Krenzer

Jesus ißt und trinkt mit seinen Freunden

Jesus feiert mit seinen Freunden ein Fest.
Auf dem Tisch liegt Brot.
Jesus sagt: „Nehmt das Brot und brecht es
und reicht es euch.
Dieses Brot schenke ich euch.
Es ist von Menschen gebacken, aber es ist von Gott.
Wenn ihr das Brot eßt,
bin ich bei euch!"

Auf dem Tisch steht auch Wein.
Jesus dankt für das Brot und den Wein.
Er sagt: „Nehmt den Wein und trinkt davon.
Diesen Wein schenke ich euch.

Er ist aus Trauben gemacht, aber er ist von Gott.
Wenn ihr den Wein trinkt,
bin ich bei euch.
Ich schenke mich euch selbst!"

Es ist das letzt Fest,
das Jesus mit seinen Freunden feiert.

Einer von ihnen ist ein falscher Freund.
Er wird Jesus verraten.
Er wird den Feinden sagen, wo sie Jesus finden.
Er wird Geld dafür bekommen.
Aber er wird sehr unglücklich werden.
Jesus weiß, daß Judas ihn verraten wird.

Lukas 22, 14–23, Matthäus 26, 20–29, Markus 14, 17–25, Johannes 13, 21–30,
1. Korinther 11, 23–25, nacherzählt von Rolf Krenzer

Karfreitag

Im Kindergottesdienst erzählt der Pfarrer:
„Jesus ist der König der Welt. Er hat viele Freunde. Das waren seine Jünger.
Jesus sprach immer von Gott. Er verkündete Gottes Wort und half vielen Menschen.
Auch die Menschen, die schon einmal etwas Böses getan hatten, wurden seine Freunde.
Deshalb ärgerten sich viele Leute über ihn.
Sie waren so böse auf Jesus, daß sie ihn verfolgten.
Sie nahmen ihn gefangen und stellten ihn vor ein Gericht.
Sie fragten ihn: „Bist du Gottes Sohn?"
Jesus antwortete: „Ja, ich bin es!"
Da riefen sie: „Er hat Gott gelästert.
Deshalb muß er sterben."
Sie spuckten ihm ins Gesicht und schlugen ihn.
Sie riefen: „Er hat den Tod verdient!"
Und dann nagelten sie ihn an das Kreuz.

Jesus mußte am Kreuz sterben.
Seine Freunde weinten.
Sie beerdigten ihn auf dem Friedhof.

Jedes Jahr am Karfreitag erinnern sich die Christen an den Tod Jesu.
Sie denken daran, wieviel Gutes Jesus für die Menschen getan hat.

Rolf Krenzer

Jesus lehrt uns beten

Jesus sagt den Menschen: „Gott ist unser Vater!"
Mit Gott dürfen wir sprechen.
Zu Gott beten wir.

Jesus betet:
„Unser Vater im Himmel!
Geheiligt werde dein Name!
Dein Reich komme!
Dein Wille geschehe
wie im Himmel so auf Erden!
Unser tägliches Brot gib uns heute,
und vergib uns unsere Schuld,
wie wir vergeben unsern Schuldigern,
und führe uns nicht in Versuchung,
sondern erlöse uns von dem Bösen!
Denn dein ist das Reich
und die Kraft
und die Herrlichkeit
in Ewigkeit!
Amen."

So beten wir zu Gott.
So sprechen wir mit Gott.
Und Gott hört uns zu.

Matthäus 6, 7–13

Jesus betet am Ölberg

Jesus weiß, daß er sterben muß.
Am Abend geht er mit seinen Freunden zu dem Ölberg
draußen vor der Stadt.
Er sagt zu ihnen: „Bleibt wach! Wartet auf mich!
Ich will zu Gott beten!"
Dann betet Jesus zu Gott.
Er hat Angst.
Er ist so einsam.
Er betet: „Vater, hilf mir!
Du kannst alles!
Aber was du willst, das soll geschehen.
Nicht das, was ich will!"

Als Jesus zu seinen Freunden zurückkommt,
schlafen alle.
Aber Judas ist nicht mehr bei ihnen.
Judas führt die Feinde zu Jesus.
Sie packen Jesus und nehmen ihn gefangen.
Sie schleppen ihn in die Stadt.
Da laufen alle Freunde davon.

Markus 14, 32–50, Matthäus 26, 36–56, Lukas 22, 39–53, Johannes 18, 1–11
nacherzählt von Rolf Krenzer

Verraten und festgenommen

Was ist dort draußen vor der Stadt los?
Da laufen Männer mit Schwertern und Knüppeln.
Sie laufen hinter einem her.
Einer zeigt ihnen den Weg zum Ölberg.
Judas führt die Männer zu Jesus.
Er flüstert: „Bald werdet ihr ihn haben!
Ich zeige euch, wer es ist.
Ich werde ihm einen Kuß geben.
Ich werde Jesus küssen!
Den wollt ihr doch haben!
Ihr müßt ihn festnehmen und abführen!"

Als Judas Jesus erblickt, läuft er auf ihn zu.
Er legt seine Arme um Jesus
und küßt ihn.
Da packen die Männer Jesus und nehmen ihn fest.
Sie packen ihn wie einen Verbrecher.

Und Jesus?
Er sagt zu den Männern:
„Müßt ihr wirklich mit Schwertern und Knüppeln kommen
und mich gefangen nehmen?
Bin ich wirklich ein Verbrecher?
Ich war jeden Tag im Tempel und habe von Gott erzählt.
Da habt ihr mich nicht festgenommen!"
Wie ein Verbrecher wird Jesus abgeführt.

Und seine Freunde?
Sie sind nach allen Seiten davongelaufen.

Markus 14, 43–50, Matthäus 26, 47–56, Lukas 22, 47–53, Johannes 18, 3–11
nacherzählt von Rolf Krenzer

Jesus ist Gottes Sohn

Die Männer bringen Jesus nach Jerusalem.
Wie einen Verbrecher führen sie Jesus ab.
Sie bringen ihn in das Haus des obersten Priesters.
Dort soll Gericht über ihn gehalten werden.
Jesus soll zum Tod verurteilt werden.
Dafür müssen seine Feinde beweisen,
daß er Schlimmes getan und gesagt hat.
So Schlimmes, daß es ein Verbrechen ist.

Gott lästern, das ist ein Verbrechen.
Einer fragt Jesus: „Bist du Gottes Sohn?"
Und Jesus antwortet: „Ja!"
„Bist du wirklich Gottes Sohn?" fragen sie.
„Ja!" sagt Jesus. „Und bald werde ich bei Gott sein!"
Da brüllen die Männer: „Das ist Gotteslästerung!"

Das ist sehr schlimm.
Das ist ein Verbrechen!
Sie verurteilen Jesus zum Tode.
„Er hat den Tod verdient!" rufen sie.
Dann spucken sie ihm ins Gesicht.
Dann schlagen sie ihm ins Gesicht.

Jesus wird ausgelacht und geschlagen.
Jesus ist Gottes Sohn.

Matthäus 26, 57–67, Markus 14, 53–65,
Lukas 22, 54–55, 63–71, Johannes 18, 12–14, 19–24
nacherzählt von Rolf Krenzer

Ein Gebet:
Wir haben von deinem Leiden gesprochen

Jesus, wir haben von deinem Leiden gesprochen.
Du warst allein.
Ganz allein.
Deine Freunde kamen nicht.
Dich tröstete keiner.
Trotzdem bist du den schweren Weg weiter gegangen.
Der Weg, der dich leiden ließ
und der dich schließlich bis zum Kreuz führte,
bis zum Tod.
Du bist für uns gestorben
und für uns auferstanden.
Wie können wir dir danken?
Amen.

Rolf Krenzer

Ein Freund hat Angst

Jesus war von einem Freund verraten worden.
Da waren die Soldaten gekommen und hatten ihn gefangen genommen.
Sie hatten ihn abgeführt.
Voller Angst waren seine Freunde davongelaufen.
Einer von ihnen war Petrus.
Er hatte zusehen müssen, wie sie Jesus angespuckt und geschlagen hatten.
Jetzt stand er im Hof und war so einsam und traurig.
Da kam eine Frau herbei.
Sie blieb bei Petrus stehn, musterte ihn und sagte:
„Du gehörst doch auch dazu! Du warst doch auch mit diesem Jesus zusammen!"
Petrus erschrak und stritt es sogleich ab.
„Ich weiß nicht!" sagte er. „Nein, ich weiß überhaupt nicht, wovon du sprichst!"
Dann machte er sich eilends davon.
In diesem Augenblick krähte ein Hahn.

Kurze Zeit später entdeckte ihn die Frau wieder. Sie sagte zu den Leuten, die um sie herumstanden: „Der gehört auch zu den Freunden dieses Jesus!"
„Ich weiß überhaupt nicht, wovon du sprichst!" sagte Petrus schnell.
Wieder stritt er alles ab.
Aber die anderen Leute meinten: „Du gehörst doch dazu! Das kannst du nicht abstreiten!"
Voller Angst rief da Petrus: „Gott soll mich strafen, wenn ich lüge! Ehrlich, ich kenne diesen Mann überhaupt nicht, von dem ihr sprecht!"
Kaum hatte er das gesagt, da krähte der Hahn zum zweitenmal.
Da erinnerte sich Petrus plötzlich daran, was Jesus einmal zu ihm gesagt hatte:
„Bevor der Hahn zweimal kräht, wirst du dreimal behaupten, daß du mich nicht kennst!"
Da war Petrus so traurig, daß er weinen mußte.

Markus 14, 66–72, nacherzählt von Rolf Krenzer

Ans Kreuz mit ihm!

Die Priester haben Jesus zum Tode verurteilt.
Jetzt bringen sie ihn zu Pilatus, dem Herrn des Landes.
Sie sagen: „Er will Gottes Sohn sein!
Er will der König sein, den Gott geschickt hat!"
Doch Pilatus will ihn nicht zum Tode verurteilen.
Er meint, daß Jesus kein Verbrecher ist.
Er sagt: „Der Mann hat nichts getan,
womit er die Todesstrafe verdient!"
Dann sagt er: „Die Soldaten sollen ihn auspeitschen.
Danach lasse ich ihn frei!"

„Nein!" rufen die Feinde Jesu.
„Laß' lieber einen anderen Verbrecher frei!"

In Jerusalem soll wirklich ein Verbrecher zum Tode verurteilt werden. Das ist
Barrabas.
Er soll einen Mann ermordet haben.

Wer wird zum Tode verurteilt:
Jesus oder Barrabas?
Wer wird frei sein:
Barrabas oder Jesus?

„Barrabas soll frei sein!" schreien die Menschen.
Und Jesus?
„Ans Kreuz mit ihm!"

So verkündet Pilatus endlich das Urteil:
„Barrabas ist angeklagt, weil er einen Menschen ermordet haben soll. Er wird
frei sein!
Jesus aber wird ausgepeitscht.
Danach muß er am Kreuz sterben!"

Gott hat seinen Sohn in die Welt zu den Menschen geschickt.
Und die Menschen schreien: „Ans Kreuz mit ihm!"

Lukas 23, 1–5, 13–25, Matthäus 27, 1–2, 11–26, Johannes 18, 33–19, 1, 16, Markus 15, 2–15
nacherzählt von Rolf Krenzer

Jesus wird gequält

Jesus ist gefangen.
Die Soldaten reißen ihm die Kleider herunter.
Sie legen ihm einen roten Mantel um die Schulter und setzen ihm eine Krone
aus Dornen auf den Kopf.
Dann geben sie ihm einen Stock in die Hand.
Sie tun so, als beten sie ihn an.
Aber sie verspotten ihn.
Sie machen sich über ihn lustig.
Sie lachen und rufen:
„Hoch lebe der König der Juden!"
Dann spucken sie Jesus ins Gesicht.
Sie reißen ihm den Stock aus der Hand und schlagen ihn damit auf den Kopf.
Dann ziehen sie Jesus den Mantel aus.
Sie geben ihm seine Kleider zurück.
Dann zerren sie ihn davon.
Sie wollen Jesus an ein Holzkreuz festnageln.
Am Kreuz soll Jesus sterben.

Matthäus 27, 3–5, 27–31, Markus 15, 16–20, Johannes 19, 2–3
nacherzählt von Rolf Krenzer

Jesus muß sein Kreuz tragen

„Ans Kreuz mit ihm!" hatten sie geschrien.
Sie haben aus dicken Stämmen ein Kreuz gebaut.
An dieses Kreuz wollen sie Jesus aufhängen.

Draußen vor der Stadt ist ein kleiner Hügel.
Dort werden die Verbrecher hingebracht.
Dort müssen sie sterben.
Viele Verbrecher sind dort schon gestorben.
Der Hügel heißt Golgatha.

Die Soldaten packen Jesus.
Sie reichen ihm das schwere Holzkreuz.
„Trage dein Kreuz selber!" sagen sie.
So trägt Jesus das Kreuz.
Er trägt es durch die Straßen.
Er trägt das Kreuz, an dem er sterben soll.

Viele Leute ziehen hinter Jesus her.
Und es sind viele darunter, die weinen.
Einmal kann Jesus nicht mehr.
Er fällt hin.
Er ist zu schwach, um das schwere Kreuz zu tragen.

Da sehen die Soldaten einen kräftigen Mann in der Nähe.
Er heißt Simon.
Sie befehlen ihm: „Du mußt das Kreuz tragen!"
Sie packen ihm das Kreuz auf den Rücken.
Simon trägt das Kreuz bis nach Golgatha.

Die Soldaten führen Gottes Sohn ab.
Er trägt die Krone aus spitzen Dornen auf seinem Kopf.
Er soll am Kreuz sterben.

Matthäus 27, 32–33, Markus 15, 21–22, Lukas 23, 26–27
nacherzählt von Rolf Krenzer

Jesus stirbt am Kreuz

Jesus muß am Kreuz sterben.
Die Soldaten nageln ihn an das Kreuz.
Jesus hat große Schmerzen.
Er betet zu Gott:
„Vater, verzeihe ihnen!
Sie wissen nicht, was sie tun!"

Gottes Sohn hängt am Kreuz.
Er hängt wie ein Verbrecher am Kreuz.

Noch einmal betet er zu Gott:
„Vater, nimm mich zu dir!"

So stirbt Jesus am Kreuz.

Als Jesus tot ist, gehen die Leute davon.

Nur wenige Freunde sind noch da.
Sie holen den toten Körper ihres Herrn vom Kreuz herunter.
Sie waschen ihn und wickeln ihn in Tücher.
Sie weinen um ihren Herrn.

Dann bringen sie ihn zu einem Grab.
Es ist ein Grab in einem Felsen.
Sie tragen den toten Körper durch die Tür in das Felsengrab hinein.
In dieser Felsenhöhle wird Jesus beerdigt.
Vor die Höhle wird ein schwerer Stein gerollt.

Markus 15, 24; 27; 37; 42–47; Matthäus 27, 35–50; 57–61; Lukas 23, 33–46; 50–56;
Johannes 19, 28–30; 38–42; nacherzählt von Rolf Krenzer

Gut, daß Gott noch da ist

Bärbel wird bald zur Schule gehen. Aber Armin, ihr kleiner Bruder, geht noch nicht einmal in den Kindergarten. Deshalb weiß er auch vieles noch nicht.
Beim Spaziergang mit den Eltern bleibt er einmal vor einem Kreuz stehen, das am Straßenrand aufgebaut ist.
„Wer ist das, der da am Kreuz hängt?" fragt er.
„Sie haben Jesus an dem Kreuz aufgehängt", erklärt ihm die Mutter.
Armin geht ganz nah an das Kreuz heran und blickt den aus Holz geschnitzten Jesus traurig an.
„Sie haben ihm sehr weh getan!" sagt er und deutet auf die Nägel, die durch seine Hände geschlagen wurden.
Bärbel möchte ihm erzählen, was sie im Kindergarten gehört hat. Sie möchte erzählen, daß Jesus von den Menschen geschlagen und schließlich an das Kreuz genagelt wurde.
Aber Armin hat auch schon etwas von Jesus gehört. Er hat auch zusammen mit Bärbel die Bilderbücher zu Hause betrachtet, die von Jesus erzählen.
Deshalb dreht er sich um und meint: „Gut, daß Gott noch da ist!"
Seine Mutter blickt ihn verwundert an.
„Er kümmert sich um ihn!" sagt Armin und lächelt ein bißchen. „Ich weiß es!"
Da braucht Bärbel ihrem kleinen Bruder nicht mehr zu erzählen, daß Jesus nach drei Tagen vom Tod auferstanden ist.
Der kleine Armin geht noch nicht einmal in den Kindergarten. Aber daß Gott immer da ist, daß Gott Jesus nicht allein läßt, das weiß er schon.
„Er kümmert sich um uns alle!" sagt die Mutter und legt ihre Arme um beide Kinder, als sie langsam zusammen weitergehen.

Rolf Krenzer

Die Ostergeschichte

Am Ostersonntag macht Petra mit ihren Eltern und mit Jens einen weiten Spaziergang.
Die Sonne scheint, und die Osterglocken blühen.
Endlich ist der Winter vorbei.
Petra sucht bunte Ostereier im Gras auf der Wiese. Sie sammelt sie in einem Körbchen.
Als sie fünf Ostereier in ihrem Korb hat, sagt sie glücklich: „Ostern ist ein schönes Fest. Da gibt es immer Ostereier. Sie schmecken viel besser als andere Eier."

Ihr Vater lacht. Dann sagt er: „Ostern kamen Frauen zum Friedhof und wollten das Grab Jesu besuchen. Doch das Grab war leer. Und Jesus stand lebendig vor ihnen. Er war stärker als der Tod. Er hat den Tod besiegt. Deshalb feiern wir Ostern!"
Die Mutter kennt ein Osterlied:

> „Als Jesus gestorben war,
> strahlt in der Nacht kein Stern.
> Vorbei war alle Freude.
> Da weinten alle Leute.
> Sie weinten um den Herrn.
>
> Als Jesus gestorben war,
> da war die Welt so leer.
> Die Großen und die Kleinen,
> die konnten nur noch weinen.
> Sie hatten ihn nicht mehr.
>
> Als Jesus auferstanden war,
> besiegte er den Tod.
> Ihr Großen und ihr Kleinen,
> ihr braucht nicht mehr zu weinen.
> Vorbei ist alle Not!"

„Deshalb feiern wir Ostern!" sagt der Vater.

Rolf Krenzer

Ostern

> Ostern, Ostern, Auferstehn.
> Lind und leis die Lüfte wehn.
> Hell und froh die Glocken schallen:
> Osterglück den Menschen allen!

mündlich überliefert

Es gingen drei heilige Frauen ...

Es gingen drei heilige Frauen
des Morgens früh im Taue,
sie suchten den Herrn Jesum Christ,
der von dem Tod erstanden ist.
Allelujah!

Wer wälzt uns von des Grabes Tür
den großen Stein, er liegt dafür?
Alsbald sie aber nahmen wahr,
der Stein davongewälzet war.
Allelujah!

Sie gingen zu dem Grab hinein
und sahen da zwei Engelein
am Grabe sitzen zur rechten Hand
mit einem langen weißen Gewand.
Allelujah!

Sie fragten da mit bangem Sinn:
Wo ist der Herr getragen hin?
Da sangen die Engel: Jesus Christ
vom Tode auferstanden ist!
Allelujah!

Volksgut

Jesus lebt –
Menschen begegnen dem auferstandenen Christus

Drei Tage ist es her.
Vor drei Tagen ist Jesus am Kreuz gestorben. Vor drei Tagen haben ihn seine
Freunde in das Grab am Felsen gelegt. Vor drei Tagen haben sie einen schwe-
ren Stein vor das Grab gerollt.
Jetzt wollen drei Frauen zu dem Grab gehen.
Aber was ist das?
Der große Stein liegt nicht mehr vor dem Grab. Er liegt daneben.
Die Frauen laufen zu dem Felsengrab, bleiben zögernd stehen und gehen dann
doch hinein. Doch das Grab ist leer. Sie finden den toten Körper ihres Herrn
nicht mehr.
Aber dort steht ein junger Mann, den sie vorher noch nie gesehen haben. Er
schaut sie freundlich an und sagt zu ihnen: „Ihr sucht Jesus, der am Kreuz ge-
storben ist." „Er ist nicht hier. Gott hat ihn vom Tod aufgeweckt!"
Die Frauen spüren, wie Angst in ihnen hochsteigt. Sie können es nicht fassen,
was ihnen der Fremde sagt.
„Habt keine Angst!" sagt der Fremde. „Jesus lebt! Ihr werdet ihn bald sehen!"
Da laufen die Frauen davon. Sie sind erschrocken und trotzdem voller Freude.

Sie laufen, so schnell sie nur können.
Da steht plötzlich Jesus vor ihnen.
Er winkt ihnen zu.
Er grüßt sie.
Wie erstarrt bleiben die Frauen stehen.
Und da ist plötzlich die Angst nicht mehr da. Sie sehen ihn an und begreifen.
Ja, es ist wirklich Jesus, der vor ihnen steht.
Es ist wirklich Jesus, der vor drei Tagen am Kreuz gestorben ist.
Es ist wirklich Jesus, der im Grab gelegen hat.
„Habt keine Angst!" sagt Jesus zu ihnen. „Lauft zu meinen Freunden! Sagt ihnen, daß sie mich bald sehen werden!"
Da laufen die Frauen, so schnell sie nur können.
Aber jetzt ist alles anders. Sie haben keine Angst mehr. Sie laufen, weil sie es allen sagen wollen. Sie laufen, weil sie so glücklich sind.
Und die anderen, die um ihren Herrn weinen, sollen es gleich erfahren.
Die Frauen haben Jesus gesehen. Ja, Jesus lebt.

Markus 16, 1–8, Matthäus 28, 1–10; nacherzählt von Rolf Krenzer

Jesus lebt

Vor drei Tagen ist Jesus am Kreuz gestorben.
Jetzt wollen drei Frauen zu dem Grab gehen.
Aber was ist das?
Der große Stein liegt neben dem Grab.
Das Grab ist leer.

Aber dort steht ein junger Mann.
Er sagt freundlich zu ihnen:
„Gott hat Jesus vom Tod aufgeweckt!
Habt keine Angst.
Jesus lebt!"

Und wirklich! Bald darauf sehen die Frauen Jesus.
Jesus ist vom Tod auferstanden.
Jesus lebt.

Viele Freunde sehen Jesus.
Er spricht mit vielen.
Ja, Jesus lebt!
Er ist stärker als der Tod.
Gott hat ihn vom Tod aufgeweckt.

Jesus ist bei Gott.
Wir können immer mit Jesus sprechen.
Er hört uns zu, wenn wir beten.

Markus 15, 1–8; 16, 1–8; Matthäus 28, 1–10; Lukas 24, 1–12; Johannes 20, 1–10
nacherzählt von Rolf Krenzer

Ostern

Die Jünger sind traurig, sie sind in Not.
Sie weinen, sie sagen: Jesus ist tot.
Da tritt er ein – sie erschrecken sehr.
Doch dann rufen sie: ,,Es ist unser Herr.
Sein Grab ist leer. Er ist am Leben.
Er will auch uns das Leben geben.''

Oh Gott, Jesus lebt, er ist bei dir!
Jesus lebt! Gib diese Freude auch mir!

Regine Schindler

Das neue Leben

Jesus, du gehst vom Tod in ein neues Leben.

Jesus, der Stein deines Grabes ist fort!
Jesus, du gehst an einen neuen Ort.
Du winkst uns zu, du rufst nicht laut.
Eine neue Straße hast du gebaut.
Uns alle nimmst du auf der Straße mit.
Wir haben Angst.
Wir gehen langsam Schritt für Schritt.
Die Angst ist dumm.
Wir könnten fröhlich gehen.
Wir sagen dann: Wir möchten diesen Jesus sehen.
Reicht es nicht, wenn wir dich spüren?
Die Straße zu Gott wirst du uns führen!

Jesus, du gehst vom Tod in ein neues Leben.
Nimm mich auch mit auf deiner Straße!

Regine Schindler

Die Feier der Osternacht

Markus geht mit seinen Eltern am Samstagabend vor Ostern in die Kirche. Das ist etwas ganz Besonderes, denn die Feier der Osternacht beginnt erst dann, wenn es ganz dunkel ist.
Vor der Kirche wird das Osterfeuer angezündet. Viele Leute stehen da und sehen zu, wie das Feuer brennt. Sie sind ganz still. Jetzt tritt der Pfarrer aus der Kirche. Er trägt eine dicke Kerze in der Hand.
Das ist die Osterkerze. Aber die Kerze brennt noch nicht. Sie wird nun am Osterfeuer angezündet. Die Kirche ist ganz dunkel. Es brennt kein einziges Licht. Der Pfarrer geht mit der brennenden Osterkerze in die dunkle Kirche hinein.

Langsam gehen die Leute hinter ihm her. Auch das Osterfeuer wird in die dunkle Kirche hineingetragen. Alle Leute tragen eine Kerze in der Hand. Doch keine Kerze brennt. Nur die Osterkerze, die der Pfarrer in seiner Hand hält, leuchtet. Der Pfarrer geht langsam durch die Kirche. Er bleibt immer wieder stehen und sagt: „Christus das Licht!" Er zündet eine Kerze nach der anderen mit dem Osterlicht an. Immer mehr Kerzen brennen. Jetzt brennen alle Kerzen. Da beginnt die Messe. Seit Gründonnerstag hat die Orgel nicht mehr gespielt. Seit Gründonnerstag haben die Kirchenglocken nicht mehr geläutet. Jetzt hat der Pfarrer das Taufwasser geweiht. Jetzt flammt das elektrische Licht in der Kirche auf. Es wird hell. Überall ist es hell. Jetzt beginnt auch die Orgel wieder zu spielen. Alle Leute singen. Die Glocken läuten. Draußen ist es dunkel. Doch hier in der Kirche ist es hell und warm. Jetzt beginnt Ostern.

Rolf Krenzer

Er lebt

Ich sag es jedem, daß er lebt
und auferstanden ist,
daß er in unserer Mitte schwebt
und ewig bei uns ist.

Ich sag es jedem, jeder sagt
es seinen Freunden gleich,
daß bald an allen Orten tagt
das neue Himmelreich.

Er lebt und wird nun bei uns sein,
wenn alles uns verläßt!
Und so soll dieser Tag uns sein
ein Weltverjüngungsfest.

Novalis

Ostern

Weißt du, was vor Ostern geschah?
Die Feinde Jesus waren da
und nahmen ihn gefangen,
sind mit ihm fortgegangen.

Weißt du, was vor Ostern geschah?
Ausgeliefert war Jesus da.
Sie wollten ihn verderben
und sagten: „Du mußt sterben!"

Weißt du, was vor Ostern geschah?
Ganz allein stand Jesus da.
Sie haben ihn geschlagen.
Sein Kreuz mußte er tragen.

Weißt du, was vor Ostern geschah?
Er starb am Kreuz von Golgata.
Und seine Freunde haben
den toten Herrn begraben.

Vor Ostern.
Vor Ostern.
Ja, all das ist vor Ostern geschehn.
Doch Gott ließ Jesus auferstehn.
So gebot
er dem Tod,
um das neue Leben
uns allen zu geben.
Ostern.
Ostern.
Er lebt nach dem Tod auf Golgata.
Jetzt weißt du, daß das Ostern geschah.

Rolf Krenzer

Zwei Jünger gehen nach Emmaus

Zwei Jünger gehen am Abend nach Emmaus.
Das ist ein kleines Dorf nahe bei Jerusalem.
Sie gehen aus Jerusalem davon,
weil dort ihr Herr gestorben ist.
Sie sprechen immer noch von Jesus.
Da kommt Jesus auf sie zu.
Doch die Jünger erkennen Jesus nicht.
Er fragt sie: „Worüber sprecht ihr?"
Da erzählen sie ihm alles, was sie erlebt haben.
Sie erzählen von seinem Tod am Kreuz.
Sie erzählen auch, was die Frauen gesagt haben.
Sie sind selbst am Grab gewesen.
Aber Jesus haben die beiden Jünger nicht gesehen.
Sie erzählen Jesus alles, was geschehen ist.
Aber sie erkennen Jesus nicht.

Als sie in dem Dorf ankommen,
laden sie Jesus zum Abendessen ein.
„Bleibe bei uns!" sagen sie freundlich.
„Es ist Abend und bald wird es dunkel!"
Auf dem Tisch liegt Brot.
Es ist von Menschen gebacken, aber es ist von Gott.
Jesus dankt Gott für das Brot.
Dann bricht er es in Stücke und gibt es den beiden Jüngern.

Da erkennen die Jünger Jesus.
Jetzt sehen sie ihn vor sich.
Ja, Jesus lebt wirklich.
Sie springen auf.
Doch sogleich ist Jesus verschwunden.
Plötzlich ist er nicht mehr da.
Sie halten noch das Brot in ihren Händen,
das er ihnen gegeben hat.

Da laufen die beiden Jünger wieder zurück nach Jerusalem.
Sie erzählen es allen, daß sie Jesus gesehen haben.
Jesus hat ihnen das Brot gegeben.

Lukas 24, 13–35, Markus 16, 12–13, nacherzählt von Rolf Krenzer

Viele Freunde sehen Jesus

Jesus war tot.
Gott hat Jesus wieder aufgeweckt.
Jesus lebt.
Viele seiner Freunde sehen Jesus,
der tot war
und jetzt lebt.

Jetzt wissen es alle:
Jesus ist Gottes Sohn.
Er ist der König,
auf den alle so lange gewartet haben.

Ja, Jesus ist Gottes Sohn.
Deshalb wird er zu Gott gehen.
Aber er verspricht es allen Menschen:
,,Einmal werde ich wiederkommen!
Dann werden wir uns alle liebhaben.
Dann wird es keinen Streit und keinen Krieg mehr geben.
Dann werden wir in Gottes Land wohnen.
Dann werden wir alle bei Gott sein.
Und Gott ist unser Vater! Ich bin immer bei euch, jeden Tag,
solange die Welt besteht!''

Lukas 24, 44–53, Matthäus 28, 16–20, nacherzählt von Rolf Krenzer

Lieder zur Passion und Auferstehung Jesu

Jesus kommt nach Jerusalem

Melodie und Text:
Gertrud Lorenz / Rolf Krenzer

Je - sus kommt nach Je - ru - sa - lem in die gro - ße Stadt.

1. Vie - le Leu - te sind froh, da - rum ru - fen sie so:
2. Vie - le fol - gen ihm gern, und sie lo - ben den Herrn:
3. Seht, es fol - gen noch mehr, lau - fen hin - ter ihm her.

Ho - si - an - na, Ho - si - an - na, Je - sus ist da. Je - sus ist da.

aus: „100 einfache Lieder Religion", Verlag Ernst Kaufmann, Lahr und Kösel-Verlag, München

Lauft zur Stadt (Einzug in Jerusalem)

(zu Matthäus 21, 1–11; Markus 11, 1–11; Lukas 19, 28–38; Johannes 12, 12–19)

Melodie: Hans-Werner Clasen / Text: Rolf Krenzer

1. Lauft zur Stadt, ihr lie - ben Leu - te! Viel zu se - hen

gibt es heu - te! Da kommt je - der, groß und klein, denn der Kö - nig

zieht dort ein, denn der Kö - nig zieht dort ein.

2. Nehmt viel Blumen mit und Zweige,
weil ich euch den König zeige.
Jesus Christus wird es sein.
Er zieht in die Stadt jetzt ein.

3. Laßt euch nicht mehr länger bitten.
Er kommt in die Stadt geritten.
Hört ihr, wie die Leute schrein!
Unser König zieht dort ein!

4. Überall ist große Freude,
und es winken alle Leute
Jesus auf dem Esel zu.
Unser König, der bist du!

5. Schmückt mit Blumen alle Straßen.
Laßt uns an den Händen fassen,
laufen hinter Jesus her!
Und es folgen immer mehr.

aus: „Regenbogen bunt und schön", Verlag Ernst Kaufmann, Lahr und Kösel-Verlag, München

Jesus zieht in Jerusalem ein

Matthäus 21, 1–11   Text und Melodie: Gottfried Neubert

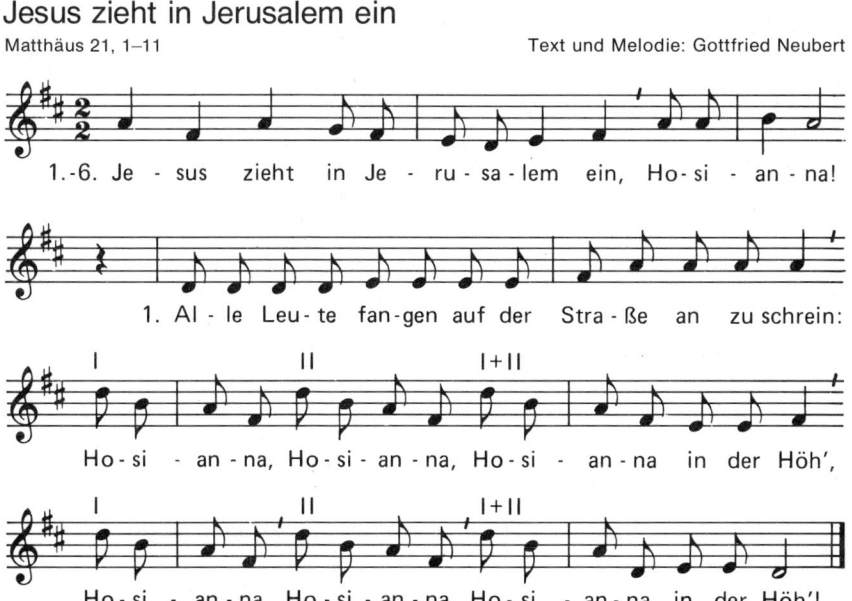

1.-6. Je - sus zieht in Je - ru - sa - lem ein, Ho - si - an - na!

1. Al - le Leu - te fan - gen auf der Stra - ße an zu schrein:

Ho - si - an - na, Ho - si - an - na, Ho - si - an - na in der Höh',

Ho - si - an - na, Ho - si - an - na, Ho - si - an - na in der Höh'!

2. Jesus zieht…
Seht, er kommt geritten, auf dem Esel sitzt der Herr.
Hosianna…

3. Kommt und legt ihm Zweige von den Bäumen auf den Weg!

4. Kommt und breitet Kleider auf der Straße vor ihm aus!

5. Alle Leute rufen laut und loben Gott, den Herrn!

6. Kommt und laßt uns bitten – statt das „Kreuzige" zu schrein:
I: Komm, Herr Jesu, komm, Herr Jesu, komm, Herr Jesu, auch zu uns! :I

„Hosianna" auch gruppenweise im Wechsel singen! (I/II)

aus: „111 Kinderlieder zur Bibel", Verlag Ernst Kaufmann, Lahr und Christophorus-Verlag, Freiburg

Kommt mit, Jesus ist hier

Melodie: Ludger Edelkötter / Text: Rolf Krenzer

Kommt mit, kommt mit, kommt al-le mit mir! Kommt
mit, kommt mit, kommt her! Kommt mit, kommt mit, kommt

al-le mit mir, denn Je-sus ist hier. 1. Hey, Schneider, leg die
Na-del hin und laß die Ar-beit ruhn. Komm
schnell zum Markt, die Ar-beit kannst du mor-gen auch noch
tun. Im-mer mehr, im-mer mehr, lau-fen hin-ter her. Im-mer
mehr, im-mer mehr sind zu sehn. Im-mer mehr, im-mer mehr
lau-fen hinter-her, im-mer mehr, immer mehr woll'n zu Je-sus gehn.
(La la . . . .
. . . . . .) Kommt mit!

Immer mehr, immer mehr laufen hinterher.
Immer mehr, immer mehr sind zu sehn.
Immer mehr, immer mehr laufen hinterher.
Alle wollen zu Jesus gehn.

He, Schuster, laß das Schustern sein
und lege weg die Schuh.
Der Herr ist heute in der Stadt,
drum schließ den Laden zu.

Der Bäcker und die Bäckersfrau,
der Metzger und der Schmied,
die lassen ihre Arbeit stehn
und kommen alle mit.

Der Arzt, der Knecht, der Handwerksmann,
die Bäuerin und die Magd.
Von allen Seiten kommen sie
und laufen in die Stadt.

Der Schäfer bringt die Schafe mit
und seinen Schäferhund.
Und jeder will zu Jesus hin.
So geht's von Mund zu Mund:

Immer mehr, immer mehr laufen hinterher.
Immer mehr, immer mehr sind zu sehn.
Immer mehr, immer mehr laufen hinterher.
Alle wollen zu Jesus gehn.

aus: „Wir feiern heut' ein Fest – Einfache Lieder zum Kirchenjahr", Impulse-Musikverlag, Drensteinfurt

Mit all seinen Freunden

Melodie und Text: Gertrud Lorenz / bearb. Inge Lotz

1. Mit all sei - nen Freun - den im Saal fei - ert Je - sus das A - bend - mahl.

2. Sie sitzen am Tisch. Er nimmt Brot
   in seine Hände und dankt Gott.

3. Jesus sagt: Seht, das ist mein Leib.
   Eßt, daß ich immer bei euch bleib.

4. Jesus sagt: Das ist mein Blut.
   Trinkt, daß mein Segen auf euch ruht.

5. Feiert oft, sagt zuletzt dann der Herr.
   Denkt an mich, denn ich liebe euch sehr.

aus: „100 einfache Lieder Religion", Verlag Ernst Kaufmann, Lahr und Kösel-Verlag, München

Jesus lädt uns alle ein

Melodie: Wolfgang Schult / Text: Rolf Krenzer

1. Je - sus lädt uns al - le ein: Ihr sollt mei - ne Gä - ste sein!
Tre - tet ein! Tre - tet ein! Eßt das Brot und trinkt den Wein!

2. Jesus Christus, Gottes Sohn,
   lädt uns ein. Wir kommen schon.
   Tretet ein! Tretet ein!
   Eßt das Brot und trinkt den Wein!

3. Dieses Brot macht jeden satt,
   der jetzt großen Hunger hat.
   Tretet ein! Tretet ein!
   Eßt das Brot und trinkt den Wein!

4. Jesus lädt uns alle ein:
   Ihr sollt meine Gäste sein!
   Tretet ein! Tretet ein!
   Eßt das Brot und trinkt den Wein!

Auf dem Tisch ist das Mahl vorbereitet. Während wir singen, gehen wir zu dem Tisch, lassen uns Wein (Saft) und Brot (Gebäck) reichen, nehmen, geben es weiter.
Das Lied kann auch zum Abschluß der Geschichte von Zachäus (Darbietung oder Spiel) in der Gruppe und im Gottesdienst eingesetzt werden: Jesus lädt alle zum Festmahl ein.

aus: „100 einfache Lieder Religion", Verlag Ernst Kaufmann, Lahr und Kösel-Verlag, München

Das Festmahl

Text: Rolf Krenzer / Melodie: Lele Jöcker

1. Mein Freund, tritt her - ein. Wir la - den dich ein. Der Tisch ist ge - deckt für das Fest. Mein Freund, komm zu Tisch. Wir war - ten auf dich. Der Herr sagt uns: Trin - ket und eßt! Ja,

So soll das Fest-mahl sein. Chri - stus lädt selbst uns ein. In Got - tes Na - men sind wir zu - sam - men. Von Gott ge - fun - den mit ihm ver - bun - den. Kei - ner ist mehr al - lein. So soll das Fest - mahl sein.

da capo
Str. 2-4

2. Wer Hunger jetzt hat,
   der wird heute satt.
   Der Herr lädt uns selber zu Tisch.

Wer durstig jetzt ist,
wird von ihm begrüßt.
Er wartet auf dich und auf mich.

Refrain: Ja, so soll das Festmahl sein ...

3. Wen Kummer verdrießt,
wer traurig heut ist,
der darf zu dem Fest heute gehn.
Wer noch so allein,
wird einsam nicht sein.
Gott selber wird neben ihm stehn.

Refrain: Ja, so soll das Festmahl sein ...

4. Wir sind uns so nah
und jeder sagt ja
zum Leben, zur Freude zum Fest
Froh klingt unser Lied,
und jeder singt mit,
weil Gott uns zum Fest laden läßt.

Refrain: Ja, so soll das Festmahl sein ...

aus: „Und sie fingen an, fröhlich zu sein", MOD Verlag, Münster-Hiltrup

Ihr Freunde laßt euch sagen   Text: Rolf Krenzer / Melodie: Ludger Edelkötter

Ihr Freunde laßt euch sa-gen, sie ha-ben ihn ge-schlagen.

Sie schlugen ihn so sehr, und er ist un-ser Herr, und

er ist unser Herr, und er ist un-ser Herr, und er ist un-ser Herr.

2. Ihr Freunde, laßt euch sagen:
   Er hat das Kreuz getragen.
   Das Kreuz war hart und schwer.
   Und er ist unser Herr,
   und er ist unser Herr.

3. Ihr Freunde, laßt euch sagen:
   Er ist ans Kreuz geschlagen.
   Uns ist das Herz so schwer.
   denn er ist unser Herr,
   denn er ist unser Herr.

4. Ihr Freunde, laßt euch sagen:
   Er hat den Tod ertragen.
   Uns ist das Herz so leer,
   denn er ist unser Herr,
   denn er ist unser Herr.

5. Ach, hört doch auf zu klagen,
   denn in den nächsten Tagen
   weint ihr bestimmt nicht mehr.
   So stark ist unser Herr,
   so stark ist unser Herr!

6. Er hat den Tod ertragen.
   Er hat den Tod geschlagen.
   Den Tod besiegte er.
   So stark ist unser Herr,
   so stark ist unser Herr!

erschienen auf der LP IMP ,,Biblische Spiellieder zum Misereor-Hungertuch aus Haiti'', Impulse-Musikverlag, Drensteinfurt

Wir feiern heut ein Fest

Text: Rolf Krenzer / Melodie: Ludger Edelkötter

Wir feiern heut ein Fest und kommen hier zusammen. Wir
kommen hier zusammen. Wir feiern ein Fest, weil
Gott uns alle liebt. Herein, herein, wir
laden alle ein! Herladen alle ein!

...und gehn herum im Kreise.

...wir essen und wir trinken.

...wir sprechen miteinander.

Wir feiern heut ein Fest
und geben uns dem andern...

Wir feiern heut ein Fest
und finden uns im andern.
Wir feiern ein Fest,
weil Gott und alle liebt.
Herein, herein,
wir laden alle ein.
Herein, herein,
wir laden alle ein.

Die Aufforderungen der einzelnen Strophen werden in gemeinsames Tun umgesetzt.
Je nach Situation können weitere Strophen dazu erfunden werden:
...wir beten miteinander
...wir danken miteinander
...wir tanzen miteinander

erschienen auf der MC IMP 1022 „Wir feiern heut' ein Fest – Einfache Lieder zum Kirchenjahr",
Impulse-Musikverlag, Drensteinfurt

Jesus, du bist so gut

Melodie und Text: Gertrud Lorenz

Je - sus, du bist so gut, 1. a - ber die Men-schen nehmen dich ge - fan - gen.

2. Jesus, du bist so gut,
aber die Menschen schlagen dich mit Ruten.

3. Jesus, du bist so gut,
aber die Menschen tun dir weh mir Dornen.

4. Jesus, du bist so gut,
aber die Menschen hängen dich am Kreuz auf.

aus: „100 einfache Lieder Religion", Verlag Ernst Kaufmann, Lahr und Kösel-Verlag, München

Oster-Ruf

Text und Melodie: Christa Linke

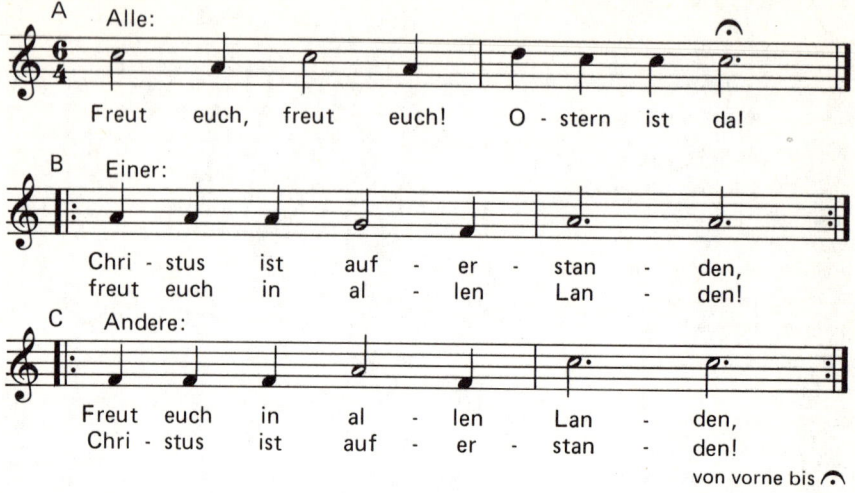

Freut euch, freut euch! O-stern ist da!

Chri - stus ist auf - er - stan - den,
freut euch in al - len Lan - den!

Freut euch in al - len Lan - den,
Chri - stus ist auf - er - stan - den!

von vorne bis

aus: „111 Kinderlieder zur Bibel", Verlag Ernst Kaufmann, Lahr und Christophorus-Verlag, Freiburg

Freut euch (Osterlied)

Melodie: Hans-Werner Clasen / Text: Rolf Krenzer

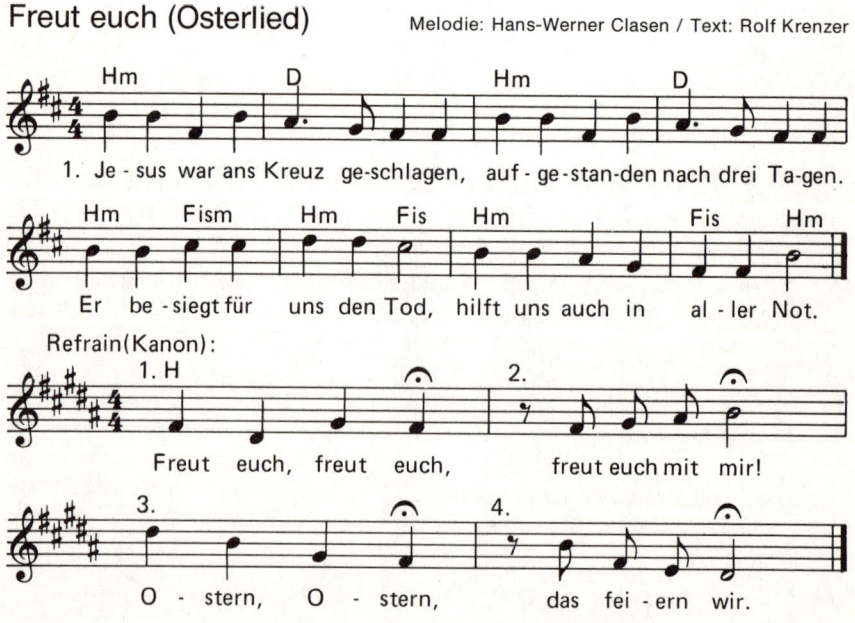

1. Je - sus war ans Kreuz ge-schlagen, auf-ge-stan-den nach drei Ta-gen.

Er be - siegt für uns den Tod, hilft uns auch in al - ler Not.

Refrain (Kanon):

Freut euch, freut euch, freut euch mit mir!

O - stern, O - stern, das fei - ern wir.

2. Jesus war ans Kreuz geschlagen,
   hat für uns den Tod ertragen.
   Er besiegt für uns den Tod,
   hilft uns auch in aller Not.

3. Jesus trug für uns die Schmerzen,
   und wir danken ihm von Herzen.
   Er besiegt für uns den Tod,
   hilft uns auch in aller Not.

4. Er hat alles uns gegeben,
   und wir dürfen mit ihm leben.
   Er besiegt für uns den Tod,
   hilft uns auch in aller Not.

aus: „Regenbogen bunt und schön", Verlag Ernst Kaufmann, Lahr und Kösel-Verlag, München

Ostern

Text: Rolf Krenzer / Musik: Ludger Edelkötter

Gro-ße Leu-te, klei-ne Leu-te fei-ern fröh-lich O-stern heu-te, weil vom To-de Je-sus Christ auf-er-stan-den, auf-er-stan-den, wirklich auf-er-stan-den ist.

An das Kreuz ward er geschlagen.
Er war tot. Doch nach drei Tagen
wissen wir, daß Jesus Christ
auferstanden, auferstanden,
wirklich auferstanden ist.

Das konnt einem nur gelingen.
Einer konnt den Tod bezwingen.
Singt mit uns, daß Jesus Christ
auferstanden, auferstanden,
wirklich auferstanden ist.

erschienen auf der MC IMP 1022 „Wir feiern heut' ein Fest – Einfache Lieder zum Kirchenjahr"
Impulse-Musikverlag, Drensteinfurt

Osterlied

Text: Rolf Krenzer / Melodie: Siegfried Fietz

Laßt die Glocken hell er-klin-gen, laßt uns al-le fröh-lich sin-gen, laßt uns lo-ben Je-sus Christ, weil er auf-er-stan-den ist, weil er auf-er-stan-den ist.

Frei-tag-abend war's, da ha-ben sie den to-ten Herrn be-gra-ben. O-stern klingt es von weit her: Je-sus lebt! Das Grab ist leer! Je-sus lebt! Das Grab ist leer!

Weil wir uns zu ihm bekennen,
laßt das Osterfeuer brennen.
Lobt den Herrn und zündet dann
froh die Osterkerze an.

Not und Tod und schwere Stunden.
Alles ist jetzt überwunden.
Weil er uns allein nicht läßt,
feiern wir das Osterfest.

Singen, Tanzen, Spielen, Lachen.
Unser Fest soll Freude machen.
Fröhlich darf ein jeder sein,
und wir laden alle ein.

Drum laßt hell die Glocken klingen,
laßt uns alle fröhlich singen,
laßt uns loben Jesus Christ,
weil er auferstanden ist.

Das Lied kann als Osterreigen gesungen und getanzt werden. Wir stehen in einem oder mehreren Kreisen, halten uns an den Händen und gehen langsam herum. Bei mehreren Kreisen gehen die Tänzer nach links und nach rechts. Wenn das Lied als Abendlied eingesetzt wird, kann einer mit einer Kerze mitten im Kreis stehen.
Als Einstieg kann die doppelte Farbseite aus dem Arbeitsbuch für den Anfang „Kommt alle und seid froh!" (Hirschgraben-Verlag, Frankfurt am Main) eingesetzt werden. Sie zeigt in überzeugender Weise, wie aus dem Dunkel des Todes am Kreuz, aus dem dunklen Grab mit der Auferstehung Jesu die Welt verändert wird, wie traurige Menschen eben deshalb zu fröhlichen Menschen werden.

Halleluja, es ist Ostern (zur Auferstehung)   Melodie und Text: Gertrud Lorenz

1. Hal-le - lu - ja, es ist O - stern. Hal-le - lu - ja, Je-sus lebt. Hal-le - lu - ja, Hal-le - lu - ja, Hal-le - lu - ja, Jesus lebt.

2. Freut euch alle, es ist Ostern. Freut euch alle, Jesus lebt.
   Halleluja, Halleluja, Halleluja, Jesus lebt.

3. Singet alle, es ist Ostern. Singet alle, Jesus lebt.
   Halleluja, Halleluja, Halleluja, Jesus lebt.

4. Klatschet alle, es ist Ostern. Klatschet alle, Jesus lebt.
   Halleluja, Halleluja, Halleluja, Jesus lebt.

Laßt hell die Glocken klingen

Melodie: Gerard van Hulst / Text: Rolf Krenzer

1. Laßt hell die Glok-ken klin - gen, laßt laut die Glok-ken sin - gen. Sie lo - ben Je - sus Christ, der auf - ge - stan-den ist.

2. Am Freitagabend haben sie unseren Herrn begraben.
   Hell klingt es von weit her: Er lebt! Das Grab ist leer!

Text aus: „100 einfache Lieder Religion", Verlag Ernst Kaufmann, Lahr und Kösel-Verlag, München;
Melodie aus: „Sing mit mir", Agentur des Rauhen Hauses, Hamburg

Kommt, wir singen Halleluja

Melodie: Gertrud Lorenz
Text: Gertrud Lorenz und Rolf Krenzer

1. Kommt, wir sin - gen Hal - le - lu - ja, denn der Herr Je-sus lebt.

Kommt, wir sin - gen Hal - le - lu - ja, denn der Herr Je-sus lebt.

2. Klatscht vor Freude in die Hände,
   denn der Herr Jesus lebt.

3. Spielt auf allen Instrumenten,
   denn der Herr Jesus lebt.

4. Reicht den andern eure Hände,
   denn der Herr Jesus lebt.

5. Faßt euch an und tanzt im Kreise,
   denn der Herr Jesus lebt.

Alle Anregungen werden in ein Kreisspiel umgesetzt, das auch im Gottesdienst
mit der ganzen Gemeinde gesungen werden kann.

aus: „100 einfache Lieder Religion", Verlag Ernst Kaufmann, Lahr und Kösel-Verlag, München

Als Jesus gestorben war

Text: Rolf Krenzer / Melodie: Peter Janssens

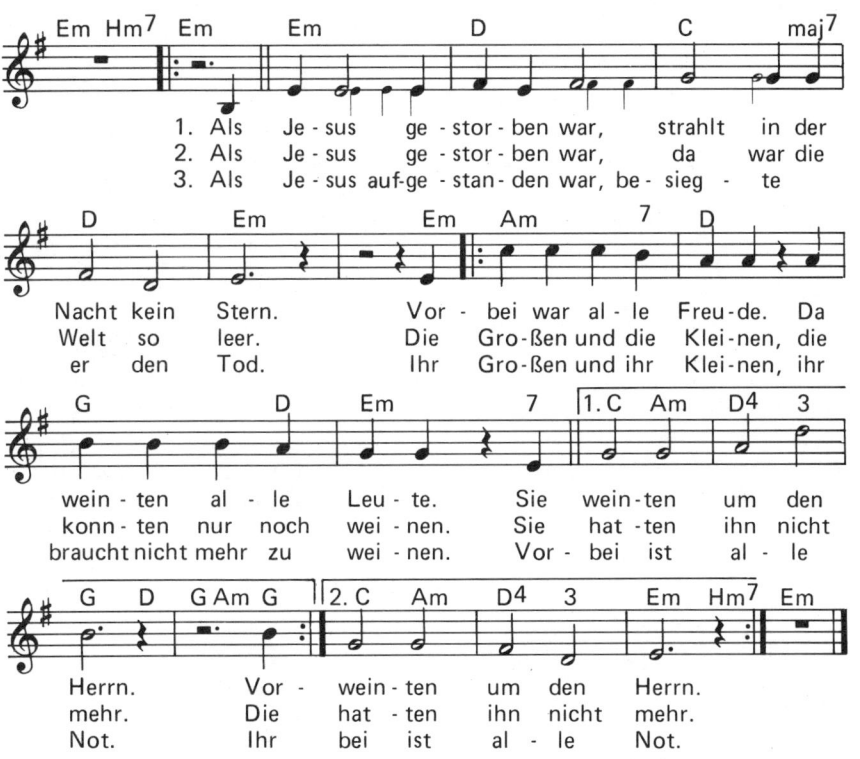

1. Als Je-sus ge-stor-ben war, strahlt in der
2. Als Je-sus ge-stor-ben war, da war die
3. Als Je-sus auf-ge-stan-den war, be-sieg-te

Nacht kein Stern. Vor-bei war al-le Freu-de. Da
Welt so leer. Die Gro-ßen und die Klei-nen, die
er den Tod. Ihr Gro-ßen und ihr Klei-nen, ihr

wein-ten al-le Leu-te. Sie wein-ten um den
konn-ten nur noch wei-nen. Sie hat-ten ihn nicht
braucht nicht mehr zu wei-nen. Vor-bei ist al-le

Herrn. Vor- wein-ten um den Herrn.
mehr. Die hat-ten ihn nicht mehr.
Not. Ihr bei ist al-le Not.

aus: „Kommt alle und seid froh", 1982, Rechte im Peter Janssens Musikverlag, Telgte

Kleine Rollenspiele zur Passion und Auferstehung Jesu

Kleinere Rollenspiele, die das Ostergeschehen zum Inhalt haben und Kindern im Vorschulalter bereits zugänglich sind, sind äußerst selten. Im Gegensatz zu der Geburt Christi und der vorausgegangenen Herbergssuche, die von Kindern gestaltet werden können, ist das Geschehen in der Passions- und Osterzeit so bedrückend, daß eine Umsetzung in ein Spiel mit Kindern wohl kaum erfolgen kann. Möglichkeiten ergeben sich nur aus einem Lied oder in kleineren Sprechstücken, die die Ereignisse der Passionszeit chronikhaft aufzeichnen.

Von unterschiedlichen Sprechern gesprochen, können solche Stücke auch mit Hilfe eines Cassettenrecorders aufgezeichnet werden. Hier können zusätzlich Osterlieder gesungen (oder von Schallplatten überspielt) werden, um so auf akustische Weise ein kleines Spiel zu gestalten.

Die beiden folgenden *Sprechstücke* eignen sich zum Erzählen mit verteilten Rollen ebenso wie als Hörspiel. Um das Geschehen auch optisch zu verdeutlichen, können die Flanellbilder zu Passion und Ostern (Verlag Ernst Kaufmann, Lahr) oder die Bilder von Helmut Wondra zu „Christusgeschichten" (Reha-Verlag, Bonn-Bad Godesberg) und „Bilder und Geschichten von Jesus" (Hirschgraben-Verlag, Frankfurt am Main) hinzugezogen werden.

Erzähle, was mit Jesus geschah

1. Sprecher: Erzähle, was mit Jesus geschah!
2. Sprecher: Er kam in die Hauptstadt. Ostern war nah.
3. Sprecher: Auf einem Esel kam er daher. Viel Leute kamen. Und immer mehr!
4. Sprecher: Sie riefen es laut durch die ganze Stadt:
   Wir grüßen dich, weil dich Gott geschickt hat!
   Wir grüßen dich Jesus! Der König bist du!
5. Sprecher: Und es kommen immer noch mehr hinzu.
6. Sprecher: Sie bringen Kleider aus dem Haus
   und breiten sie wie Teppiche aus.
7. Sprecher: Und über die Teppiche reitet der Herr.
   Da jubeln die Leute und freun sich so sehr.
8. Sprecher: Sie winken ihm mit Blumen und Zweigen.
   Wie lieb sie ihn haben. Das wollen sie zeigen.
1. Sprecher: Erzähle, was dann weiter geschah!
2. Sprecher: Die ihn töten wollten, die waren schon da.
3. Sprecher: Bereit standen auch schon ihre Soldaten.
   Sie wußten: Ein Freund wird Jesus verraten.
   Sie hatten ihm Geld dafür gegeben.
   Jesus sollte nicht länger leben.

1. Sprecher: Erzähle, was dann weiter geschah.
4. Sprecher: Jesus wußte, die Feinde sind da.
    Am Abend lud er die Freunde ein
    zu einem Mahl mit Brot und Wein.
5. Sprecher: Am Abend waren die Freunde zusammen
    zu seinem Mahl in seinem Namen.
6. Sprecher: Ich schenke mich euch mit Brot und Wein,
    sagt Jesus und lädt seine Freunde ein.
7. Sprecher: Nur einer schleicht sich heimlich davon.
    Er läuft zu den Feinden. Sie warten schon.
1. Sprecher: Erzählt, was dann mit Jesus geschah.
8. Sprecher: Sie standen schon bald bewaffnet da.
1. Sprecher: Er wehrte sich nicht, als sie ihn gefangen.
    Er ist still und traurig mitgegangen.
2. Sprecher: Die Freunde aber, sie liefen schon
    ängstlich nach allen Seiten davon.
1. Sprecher: Erzählt, was dann mit Jesus geschah.
3. Sprecher: Sie quälten und folterten ihn da.
4. Sprecher: Sie riefen: Bist du Gottes Sohn,
    dann hilf dir selbst! Jag' uns davon!
5. Sprecher: Weil er Gottes Liebe verkündet hat,
    verurteilten sie ihn dann in der Stadt.
6. Sprecher: Weil Gehorsam und Liebe sein höchstes Gebot,
    verurteilten sie ihn schließlich zum Tod.
1. Sprecher: Erzählt, was dann mit Jesus geschah.
7. Sprecher: Er starb am Kreuz auf Golgatha.
8. Sprecher: Er hat *für uns* sein Leben gegeben,
    damit wir mit ihm für immer leben.
1. Sprecher: Mit ihm immer leben? Wie kann das geschehn?
2. Sprecher: Nach drei Tagen ließ Gott ihn auferstehn.
3. Sprecher: Er trat aus dem Grab nach der Todesnacht.
    Zum Leben ist er wieder erwacht.
4. Sprecher: Ostern! Ja, Ostern ist das geschehn:
    Ostern ließ Gott Jesus auferstehn.
1. Sprecher: Es läuten die Glocken, weil Ostern ist.
    Wir singen und loben dich, Jesus Christ!

Rolf Krenzer

Auch die Passionsgeschichte läßt sich auszugsweise mit verteilten Rollen sprechen. Entsprechende Textvorschläge findet man Seite 98 bis 106.

Petrus hat Angst

Sprecher: Jesus weiß, daß er sterben muß. In Jerusalem wird das geschehen.
Seine Freunde aber wollen ihn nie verlassen.

Jesus: Sie werden mich töten. Und ihr werdet auseinanderlaufen nach allen Seiten. Wie Schafe ohne ihren Hirten.

Jünger: Niemals! Wir werden immer zu dir halten!

2. Jünger: Ich werde dich nie verlassen!

3. Jünger: Ich auch nicht.

4. Jünger: Ganz bestimmt nicht!

Petrus: Ich nicht! Niemals!

Jesus: Was meinst du, Petrus?

Petrus: Selbst wenn alle anderen an dir irre werden, ich nicht!

Jesus: Täusche dich nicht, Petrus! Bevor der Hahn heute nacht zweimal kräht, wirst du dreimal behaupten, daß du mich nicht kennst!

Petrus: Niemals! Nie! Nein, das werde ich niemals tun! Selbst wenn ich mit dir zusammen sterben müßte, Jesus!

Sprecher: Das war heute mittag gewesen. Aber jetzt sieht alles anders aus. Jetzt haben sie Jesus gefangen genommen und abgeführt. Und die, die zu Jesus gehören, fürchten auch um ihr Leben. Es ist jetzt nicht gut, als ein Freund dieses Jesus erkannt zu werden.
Petrus hatte zusehen müssen, wie Jesus angespuckt und geschlagen worden war. Er ist hinter Jesus hergelaufen. Er war sehr vorsichtig, daß er nicht auch gepackt wurde. Jetzt steht er im Hof und hofft, irgendetwas von Jesus zu erfahren.

Frau: Hallo, du! Du stehst doch schon eine ganze Weile hier. Wartest du auf etwas?

Petrus: Hm. Ja....

Frau: Komm doch mal ein bißchen näher. Ja, hierher, damit ich im Schein der Lampe dein Gesicht sehen kann. Na, komm schon! Vielleicht kennt dich ja einer von meinen Leuten.

Petrus: Hier zum Licht. Laß mich doch im Dunkeln stehn...

Frau: Natürlich kenne ich dich. Du gehörst doch auch dazu! Du warst doch auch mit diesem Jesus zusammen. Bist du ein Freund von ihm?
Ja, sicher bist du ein Freund von ihm. Deshalb bist du auch hierhin in die Stadt gekommen. Deshalb stehst du auch hier im Hof und hoffst, etwas von ihm zu sehen.

Petrus: Ich weiß nicht! Nein, ich weiß überhaupt nicht, wovon du sprichst!"

Frau: Ein seltsamer Mann! Da läuft er davon. Dabei habe ich ihn doch nur gefragt...

Der Hahn kräht

Frau: Seltsam, jetzt steht der Mann schon wieder dort drüben. Er ist fortgelaufen. Aber jetzt ist er wieder hier.

Mann:	Von wem sprichst du?
Frau:	Dort drüben der Mann war vorhin schon einmal da.
2. Frau:	Kennst du ihn?
Frau:	Ich habe ihn schon gesehen. Der gehört auch zu den Freunden von diesem Jesus, den sie heute abend verhaftet haben.
Mann:	Bist du einer von den Leuten? Bist du ein Freund von diesem Jesus?
Petrus:	Ich weiß überhaupt nicht, wovon du sprichst.
2. Frau:	Du gehörst doch dazu!
Mann:	Sicher gehörst du dazu! Das kannst du nicht abstreiten!
Petrus:	Gott soll mich strafen, wenn ich lüge! Ehrlich, ich kenne diesen Menschen gar nicht, von dem ihr sprecht... Ich muß jetzt gehen! Seid mir nicht böse!
Frau:	Ein seltsamer Mann!

Hahn kräht

Mann:	Heute nacht ist vieles seltsam. Kannst du mir vielleicht verraten, warum unser Hahn mitten in der Nacht kräht. Und jetzt schon zum zweitenmal!
Sprecher:	In dieser Nacht erinnert sich Petrus plötzlich daran, was Jesus zu ihm gesagt hat.
Petrus:	Ich werde dich nie verlassen! Niemals!
Jesus:	Täusche dich nicht, Petrus! Bevor der Hahn heute nacht zweimal kräht, wirst du dreimal behaupten, daß du mich nicht kennst!"
Petrus:	Jesus!
Sprecher:	Da geht Petrus durch die Nacht. Er ist so traurig, daß er weinen muß.

Rolf Krenzer

Die Passionsgeschichte kann auch im Wechsel von zwei Gruppen im Lied gesungen werden. Eine Gruppe fragt, und die andere antwortet. Dieses Lied eignet sich gut für den Familiengottesdienst, weil die Kinder fragen und die Gemeinde antwortet.

Wir kommen und fragen
(Passion und Auferstehung)

Melodie und Text: Rolf Krenzer

Wir kom-men und fra - gen: Was ist nur ge-schehn? Könnt ihr es uns sa - gen? Habt ihr ihn ge-sehn? Was ist nur ge - schehn? Habt ihr ihn ge - sehn?

Zweite Gruppe:
Man hat ihn geschlagen.
Könnt ihr das verstehn?
Er hat es ertragen.
So ist es geschehn.
Könnt ihr das verstehn?
So ist es geschehn!

Erste Gruppe:
Wir kommen und fragen:
Wie ist das geschehn?
Könnt ihr es uns sagen?
Habt ihr es gesehn?
Wie ist das geschehn?
Habt ihr es gesehn?

Zweite Gruppe:
Ans Kreuz dann geschlagen.
So ist es geschehn.
Er hat es ertragen.
Könnt ihr das verstehn?
So ist es geschehn.
Könnt ihr das verstehn?

Erste Gruppe:
Wir kommen und fragen:
Was ist dann geschehn?
Könnt ihr es uns sagen?
Habt ihr es gesehn?
Was ist dann geschehn?
Habt ihr es gesehn?

Zweite Gruppe:
Er starb. Nach drei Tagen
ließ Gott ihn aufstehn.
Das wolln wir euch sagen:
Kommt mit, ihn zu sehn!
Gott ließ ihn aufstehn!
Kommt mit, ihn zu sehn!

Aus diesem Lied kann auch
ein ganzes Osterspiel
entwickelt werden.

aus: „Regenbogen bunt und schön", Verlag Ernst Kaufmann, Lahr und Kösel-Verlag, München

Osterspiel

Inhalt

Vier Freunde Jesu suchen in Jerusalem nach ihrem Herrn. Sie erfahren von seinem Einzug in Jerusalem, von dem letzten Mahl mit seinen Jüngern, von der Gefangennahme und Folterung und von seinem Tod am Kreuz. Sie erfahren aber auch, daß Jesus vom Tod auferstanden ist und nun bei Gott ist. Die vergeblich erscheinende Suche bringt ihnen zum Schluß die Gewißheit, daß sie Jesus doch gefunden haben, denn er selbst hat gesagt: „Ich bin immer bei euch bis ans Ende der Welt!" So finden sie die Jünger und die erste Gemeinde.

Mitspieler

Vier Freunde Jesu, zwei Handwerker, Frauen und Männer, dazu Musikanten, die das Lied auf ihren Instrumenten begleiten und mitsingen.

Spieldauer

15–20 Minuten

Mögliche Spielform

Kreisspiel
Spiel im Halbkreis
Spiel auf der Bühne
Spiel im kirchlichen Raum
Menschenschattenspiel
Puppenspiel
Hörspiel

Bühnenbild

Eventuell großes Wandbild, das die Silhouette einer großen Stadt (Jerusalem) zeigt; das Haus, in das der Jünger geflüchtet ist, kann durch Stühle, durch Balken oder nur durch eine Tür angedeutet werden. In der Schlußszene können sich alle Mitspieler zu einem großen Kreis in der Mitte der Spielfläche zusammenfinden (auf die Erde setzen oder Bänke oder Stühle im Kreis aufstellen).

Requisiten und Kostüme

Das Spiel kann mit angedeuteten historischen Kostümen gespielt werden, Requisiten und Kostüme sind aber letztlich für die Gestaltung nicht erforderlich, da die Aktualität des Inhalts wesentlich durch eine Gestaltung in der üblichen Alltagskleidung verdeutlicht werden kann.

Orchester

Rhythmusinstrumente sollten zur Liedbegleitung eingesetzt werden. Aber auch der Einsatz von Melodieinstrumenten für Vor- und Zwischenspiele und zur Liedbegleitung ist möglich. Das Lied kann von den vier Freunden, aber auch von den Musikanten oder der ganzen Gemeinde gesungen werden. Es kann ebenfalls im Wechsel (die vier Freunde singen zunächst allein, dann wiederholt die Gemeinde) vorgetragen werden.

Lieder

Wir kommen und fragen

Wir kommen und fragen:
Was ist nur geschehn?
Könnt ihr es uns sagen?
Habt ihr ihn gesehn?
Was ist nur geschehn?
Habt ihr ihn gesehn?

(Melodie: Seite 134)

Zum Schluß des Spiels kann das Lied „Laßt hell die Glocken klingen" von allen Spielern (und der Gemeinde) gesungen werden:

(Melodie: Seite 128)

Laßt hell die Glocken klingen,
laßt laut die Glocken singen.
Sie loben Jesus Christ,
der auferstanden ist.

Am Freitagabend haben
sie unsern Herrn begraben.
Hell klingt es von weit her:
Er lebt! Das Grab ist leer!

Praktische Vorbereitungen

Die einzelnen Stationen der Leidensgeschichte werden durch das Erzählen, durch das Betrachten von Bildern nach und nach verdeutlicht. Das Spiel greift die wichtigen Stationen auf. Wenn das Lied bekannt ist, kann es immer wieder eingesetzt werden, um einzelne Mitspieler zu spontanen Dialogen anzuregen. Weitere Szenen können hinzukommen. Die hier gegebene Textform stellt nur eine Möglichkeit der Gestaltung dar, die je nach Interessen der Spieler weiter gestaltet, gekürzt oder variiert werden kann.

Spieltext

Vier Menschen (Männer oder Frauen, Kinder und Erwachsene oder zwei Männer und zwei Frauen), die Jesus suchen, gehen langsam über die Bühne.

Alle:	Wir kommen und fragen:
	Was ist nur geschehn?
	Könnt ihr es uns sagen?
	Habt ihr ihn gesehn?
	Was ist nur geschehn?
	Habt ihr ihn gesehn?
1. Mann:	Bleibt stehn! Jetzt sind wir in Jerusalem.
2. Mann:	Hierhin ist Jesus gegangen.
3. Mann:	Hier in der Stadt muß er sein.

4. Mann:	Hier müssen wir ihn finden.
1. Mann:	Dort drüben steht eine Frau. Die wollen wir fragen.
Alle:	Wir kommen und fragen...

Sie gehen auf die Frau zu.

2. Mann:	Hast du Jesus gesehen?
Frau:	Ja, ich habe ihn gesehen! Er ist auf einem Esel in die Stadt geritten. Alle haben ihm zugejubelt. Alle haben sich gefreut.
3. Mann:	Dann werden wir ihn finden.
4. Mann:	Wohin ist er geritten?
Frau:	Fragt nicht weiter! Schreckliches ist geschehen! Dort drüben in dem Haus wohnt einer. Der hat ihn gut gekannt. Geht zu ihm und fragt.

Sie schlägt die Hände vor das Gesicht.

1. Mann:	Warum will sie uns nicht mehr sagen?
2. Mann:	Wir wollen zu dem Haus gehen.

Sie gehen zu dem Haus und klopfen an.

Alle:	Wir kommen und fragen...

Jünger kommt vorsichtig heraus, schaut sich nach allen Seiten um.

Jünger:	Pst! Seid still! Kommt herein!

Er zieht sie in sein Haus.

3. Mann:	Hast du Jesus gesehen?
4. Mann:	Was ist geschehen?
Jünger:	Er hat uns zu einem Essen eingeladen. Wir haben zusammen gegessen und getrunken. Dann hat er gebetet.
1. Mann:	Und dann?
Jünger:	Einer hat ihn verraten!
2. Mann:	Wo ist Jesus?
Jünger:	Paßt auf, da kommt jemand! Schnell, wir müssen uns verstecken.

Jünger läuft davon. Zwei Handwerker kommen über die Bühne. Die vier Menschen öffnen die Tür und gehen hinaus. Sie halten die Handwerker an.

3. Mann:	Entschuldigt bitte. Wir suchen einen Freund!
Alle:	Wir kommen und fragen...
1. Handwerker:	Sagt ja nicht, daß ihr seine Freunde seid!
2. Handwerker:	Wenn sie euch fangen, werden sie euch auch in das Gefängnis werfen!
1. Handwerker:	Sie werden euch schlagen!
2. Handwerker:	Sie werden euch foltern!
3. Mann:	Warum sollten sie das tun?
1. Handwerker:	Das haben sie mit ihm auch getan!
2. Handwerker:	Sie haben ihn gefangengenommen.

4. Mann:	Gefoltert?
1. Handwerker:	Sie haben ihm eine Krone aufgesetzt. Eine Krone aus Dornen!
2. Handwerker:	Er hat geblutet.
1. Handwerker:	Sie haben ihn angespuckt.
1. Mann:	Wo ist Jesus jetzt?
2. Mann:	Wo ist unser Freund?
1. Handwerker:	Seid doch nicht so dumm! Sprecht nicht so laut!
2. Handwerker:	Ich sage nichts mehr! Ich will damit nichts zu tun haben!
1. Handwerker:	Komm, gehen wir weiter!
2. Handwerker:	Seht ihr dort drüben die Frau? Sie ist bis zum Schluß dabeigewesen! Ich war nicht dort. Ich kann kein Blut sehen!
1. Handwerker:	Fragt die Frau!

Handwerker gehen. Die Freunde gehen langsam weiter.

Alle:	Wir kommen und fragen...
Frau:	Ja, es ist geschehen!
	Sie haben ein Kreuz aufgestellt. Ein großes Holzkreuz. So groß und mächtig, daß sie ihn dort aufhängen konnten. Sie haben ihn mit Nägeln an das Kreuz angenagelt.
3. Mann:	Sie haben ihn getötet?
Frau:	Da waren noch zwei Verbrecher. Die sind auch am Kreuz gestorben.
4. Mann:	Hat Jesus noch etwas gesagt?
1. Mann:	Einen Gruß?
2. Mann:	Er ist doch viel mächtiger als sie alle! Warum hat er sich das gefallen lassen?
3. Mann:	Er hat doch allen geholfen. Warum hat er sich nicht selbst befreit?
Frau:	Er sagte: Vater, vergib ihnen! Sie wissen nicht, was sie tun!
4. Mann:	Gestorben! Am Kreuz gestorben!
1. Mann:	Wir sind zu spät gekommen!
2. Mann:	Wir können ihn nicht mehr finden!
Frau:	Kommt mit!
3. Mann:	Was sollen wir noch hier?
4. Mann:	Jesus ist tot.
Frau:	Kommt mit!
1. Mann:	Wohin?
Frau:	Zu Freunden! Hört, was sie euch zu sagen haben! Kommt mit.

Sie führt die Freunde über die Bühne bis zu einem Kreis, wo viele Menschen versammelt sind.

1. Jünger:	Kommt zu uns!
2. Jünger:	Ihr habt nach Jesus gefragt?

2. Mann:	Wir haben ihn gesucht. Aber er ist tot!
1. Jünger:	Er ist nicht tot.

Die Freunde deuten auf die Frau.

3. Mann:	Sie hat es gesagt!
2. Jünger:	Sie hatte recht!
1. Jünger:	Sie haben ihn in ein Grab gelegt. Aber dann...
3. Mann:	Was war dann?
1. Jünger:	Er blieb nicht im Grab!
2. Jünger:	Er ist vom Tod auferstanden!
1. Jünger:	Er war stärker als der Tod.
2. Jünger:	Er ist nicht mehr tot!
4. Mann:	Er ist nicht mehr tot?
1. Mann:	Er lebt?
1. Jünger:	Ja, er lebt!
2. Jünger:	Wir haben ihn gesehen!
3. Mann:	Wo ist er? Wir wollen zu ihm!
1. Jünger:	Er ist nicht mehr hier!
2. Jünger:	Er ist bei Gott. Er ist bei seinem Vater!
1. Jünger:	Aber er hat gesagt: Ich bin immer bei euch!
1. Mann:	Erzählt uns von ihm!
2. Mann:	Erzählt uns mehr von ihm.
3. Mann:	Wir wissen so wenig!
4. Mann:	Aber er hat gesagt: Ich bin immer bei euch!
1. Jünger:	Ja, immer. Heute, morgen, übermorgen... immer!

Alle stehen auf und singen:
Laßt hell die Glocken klingen...

Rolf Krenzer

Quellenverzeichnis

Wir danken folgenden Autoren und Verlagen für freundlich erteilte Abdruckerlaubnis:

S. 28 S. Matthes, ‚Aus wenig wird viel‘, aus: Krenzer/Fritz, „100 einfache Texte zum Kirchenjahr‘, Verlag Ernst Kaufmann, Lahr und Kösel-Verlag, München

S. 35 R. Krenzer, ‚Ich will Ostereier malen‘, aus: R. Krenzer, „Heute scheint die Sonne", Georg Bitter-Verlag, Recklinghausen

S. 36–37 alle aus: R. Krenzer, „Nun rate, rate wer ich bin", Edition Kemper im Verlag Ernst Kaufmann, Lahr

S. 56 R. Krenzer, ‚Hase und Igel laufen um die Wette‘, aus: „Spieltherapeutisches Märchenbuch", Reha-Verlag, Bonn – Rechte beim Autor –

S. 74 R. Krenzer, ‚Ralf der Osterhase‘, aus: „Zweiundfünfzig Sonntagsgeschichten", Reha-Verlag, Bonn – Rechte beim Autor –

S. 77 R. Krenzer, ‚Rolands Lieblingsostereier‘, aus: „Zweiundfünfzig Sonntagsgeschichten", Reha-Verlag, Bonn 2 – Rechte beim Autor –

S. 95 R. Krenzer, ‚Palmsonntag‘, aus: Krenzer/Fritz, „100 einfache Texte zum Kirchenjahr", Verlag Ernst Kaufmann, Lahr und Kösel-Verlag, München

S. 99 R. Krenzer, ‚Karfreitag‘, aus: „Geschichten und Bilder zum Kirchenjahr", Reha-Verlag, Bonn 2 – Rechte beim Autor –

S. 102 R. Krenzer, ‚Wir haben von deinem Leiden gesprochen‘, aus: „Halte zu mir heute, guter Gott", Lahn-Verlag, Limburg – Rechte beim Autor –

S. 103 R. Krenzer, ‚Ein Freund hat Angst‘, aus: Krenzer/Fritz, „100 einfache Texte zum Kirchenjahr", Verlag Ernst Kaufmann, Lahr und Kösel-Verlag, München

S. 106 R. Krenzer, ‚Gut, daß Gott noch da ist‘, aus: Krenzer/Fritz, „100 einfache Texte zum Kirchenjahr", Verlag Ernst Kaufmann, Lahr und Kösel-Verlag, München

S. 107 R. Krenzer, ‚Die Ostergeschichte‘, aus: „Geschichten und Bilder zum Kirchenjahr", Reha-Verlag, Bonn 2 – Rechte beim Autor –

S. 108 R. Krenzer, ‚Jesus lebt‘, aus: „Ich wünsche dir ein gutes Jahr", Lahn-Verlag, Limburg – Rechte beim Autor –

S. 110 Regine Schindler, ‚Ostern‘ und ‚Das neue Leben‘ aus: „Gott, ich kann mit dir reden", Verlag Ernst Kaufmann, Lahr und Benziger-Verlag, Zürich/Köln

S. 110 R. Krenzer, ‚Die Feier der Osternacht‘, aus: „Geschichten und Bilder zum Kirchenjahr, Reha-Verlag, Bonn 2 – Rechte beim Autor –

S. 135–139 R. Krenzer, aus ‚Wir spielen Theater‘ Bd. 2: Edition Kemper im Verlag Ernst Kaufmann, Lahr

Zeichnungen und Bastelanleitungen:

Barbara Daling S. 92; Dagmar Domina S. 7–18, 24, 26, 38, 39, 123; Anne Röhnisch Dannehl S. 3, 21, 29, 36, 61, 66, 75, 79, 84; Erna de Vries S. 116, 133; überliefert S. 69 und 70

Sieben-Sachen-Büchlein

Verteilhefte für den Kindergarten

Diese kleinen, quadratischen Büchlein sind für Kinder im Vorschulalter. Jedes Heft hat ein abgeschlossenes Thema, 12 Seiten, ist farbig illustriert und bietet sieben Beschäftigungsmöglichkeiten.

**Ich werde 4
Ich werde 5
Ich werde 6
Ich komme in die Schule
Wie's damals war in Bethlehem
Alles wird wieder gut
Ich gehe in den Kindergarten
Der Nikolaus kommt**

Zusammengestellt von Renate Schupp

Die Reihe wird fortgesetzt.

Die Hefte haben alle den gleichen Aufbau und enthalten die sieben Aktivitäten: malen, singen, beten, anschauen, hören, erzählen und nachdenken. Dem Alter der Kinder entsprechend treten die Textteile hinter den Bildteilen zurück. Neben Bildseiten zum Anschauen und Erzählen finden sich Bildseiten zum Aus- und Weitermalen. In der Mitte der Büchlein ist jeweils ein biblisches Bild zu einem neutestamentlichen Text mit einer kurzen Nacherzählung, deren Aussage anschließend sowohl in einer lebendigen Bildergeschichte als auch in einer kurzen Umweltgeschichte vertieft wird. Ein kleines Gedicht am Anfang, ein Gebet und ein Lied am Ende machen die »sieben Sachen« vollständig.

Bücher für die Arbeit mit Kindern

Rolf Krenzer
Wir spielen Theater
Band 1, 176 Seiten, kart, EK 0901

Rolf Krenzer
Wir spielen Theater
Band 2, 176 Seiten, kart, EK 0902

Rolf Krenzer
Die Osterzeit im Kindergarten
144 Seiten, kart, EK 0908

Rolf Krenzer
Die Pfingstzeit im Kindergarten
168 Seiten, kart, EK 0910

Rolf Krenzer
Die Herbstzeit im Kindergarten
144 Seiten, kart, EK 0909

Rolf Krenzer
Weihnachten im Kindergarten
176 Seiten, kart, EK 0906

Rolf Krenzer
**Einfaches Basteln
und Werken mit Kindern**
88 Seiten, kart, EK 0907

Rolf Krenzer
**Neue Spiele und Lieder
für den Kindergarten**
Von Sankt Martin bis zum Dreikönigstag
224 Seiten, kart, EK 0319

Rolf Krenzer
Vorlesezeit im Kindergarten
Geschichten vom ersten Advent
bis zum Dreikönigstag
160 Seiten, kart EK 0912

Waltraut Obergfell
Laßt uns singen, laßt uns springen
108 einfache religiöse Lieder
für den Kindergarten
128 Seiten, kart, EK 0911

Rolf Krenzer
Was können wir spielen?
Einfache Spiele für Spielstube
und Kindergarten
132 Seiten, kart, EK 0914

Rolf Krenzer
Miteinander leben
Konflikte im Kindergarten
In Vorbereitung

Lebensraum Kindergarten
Pädagogische Anregungen für
Ausbildung und Praxis
296 Seiten mit 90 z. T. farbigen Fotos,
geb, EK 0447
Kaufmann/Herder

Felicitas Betz
Märchen als Schlüssel zur Welt
Auswahl und Anleitung zum Erzählen
und Gespräch mit Vorschulkindern.
108 Seiten, kart, EK 0316
Kaufmann/Pfeiffer

SIEBEN-SACHEN-BÜCHLEIN

Diese kleinen, quadratischen Büchlein sind für Kinder im Vorschulalter. Jedes Heft hat ein abgeschlossenes Thema, 12 Seiten, ist farbig illustriert und bietet sieben Beschäftigungsmöglichkeiten.

Ich werde 4
Ich werde 5
Ich werde 6
Ich komme in die Schule
Wie's damals war in Bethlehem
Alles wird wieder gut
Ich gehe in den Kindergarten
Der Nikolaus kommt

Zusammengestellt von Renate Schupp. Die Büchlein haben alle den gleichen Aufbau und enthalten die sieben Aktivitäten: malen, singen, beten, anschauen, hören, erzählen und nachdenken. Dem Alter der Kinder entsprechend treten die Textteile hinter den Bildteilen zurück. Neben Bildseiten zum Anschauen und Erzählen finden sich Bildseiten zum Aus- und Weitermalen. In der Mitte der Büchlein ist jeweils ein biblisches Bild zu einem neutestamentlichen Text mit einer kurzen Nacherzählung, deren Aussage anschließend sowohl in einer lebendigen Bildergeschichte als auch in einer kurzen Umweltgeschichte vertieft wird.

Renate Schupp/Gerhard Vicktor
Gemeinsam feiern
Spiel- und Arbeitsblätter für Gottesdienst und Gemeindearbeit mit Kindern. 64 Seiten mit 30 farbigen Verteilblättern im Plastik-Ringbuch A4. Je Verteilblatt 20 stückweise zum Nachbezug für Kinder lieferbar.

SACHBILDERBÜCHER
ZUR BIBEL

Von Dietrich Steinwede
Je 48–56 Seiten. Kaufmann/Patmos
Die Sachbilderbücher versuchen Kinder ab acht Jahren behutsam in zentrale theologische Fragen und Zusammenhänge einzuführen.

MITMACH-BÜCHLEIN

Für Kinder ab dem Lesealter
Durchs ganze Jahr begleit ich dich
Ich werde größer
Mein Büchlein vom Beten
Alle Kinder gehen zur Krippe
Kommt, wir spielen Frieden
Wer kommt mit nach Bethlehem?
Mein kleines Liederbuch
Mein Büchlein vom Teilen
Engel kommen auch zu uns
Mein kleines Halleluja(hr)buch
Von Gottes schöner Welt
Heute ist Sonntag
Bei uns im Kindergottesdienst
Mein Adventsbüchlein
Oma, Opa und ich
Ich freue mich auf den Frühling
Ich freue mich auf den Sommer
Wir freuen uns auf Weihnachten
Andere Lieder wollen wir singen
Je 32 Seiten, farbig illustriert, geh

Erzähl mir vom Glauben

Ein Katechismus für Kinder, gezeichnet von Hetty Krist. Im Auftag der VELKD herausgegeben von der Arbeitsgruppe »Kinderkatechismus«. 104 S. mit 48 S. Beilage für Eltern und Erzieher, durchgehend farbig illustriert, geb. EK 0497

Vorlesebuch
256 S. geb EK 2220

Minihefte
Was wir in der Kirche entdecken
Wenn wir Taufe feiern
je 12 S. geh EK 2221/2222
Kaufmann/Gütersloher Verlagshaus

VERLAG
ERNST KAUFMANN

Religiöse Erziehung in der Familie

RELIGION FÜR KLEINE LEUTE

Eine Bilderbuchreihe von Regine Schindler, die vier- bis achtjährige Kinder zu einer ersten Begegnung mit dem christlichen Glauben führt.
Je 28 Seiten, geb

Benjamin sucht den lieben Gott
Mit Bildern von Ursula Verburg.

Das verlorene Schaf
Mit Bildern von Hilde Heyduck-Huth.

Steffis Bruder wird getauft
Mit Bildern von Sita Jucker.

Pele und das neue Leben
Mit Bildern von Hilde Heyduck-Huth.

Helen lernt leben
Mit Bildern von Colette Camil.

Deine Schöpfung – meine Welt
Mit Bildern von Hilde Heyduck-Huth.

Martinus teilt den Mantel
Mit Bildern von Hilde Heyduck-Huth.

... und Sara lacht
Mit Bildern von Eleonore Schmid.

Christophorus
Mit Bildern von Eleonore Schmid.

Die Sterndeuter kommen
Mit Bildern von Hilde Heyduck-Huth.

Jesus teilt das Brot
Mit Bildern von Eleonore Schmid.

Zwei Ritter schließen Frieden
Mit Bildern von Antonella Bolliger-Savelli.

Sankt Nikolaus
Mit Bildern von Carola Schaade.

Detlev Block
Gut, daß du da bist
Gebete für Kinder mit Bildern von Hilde Heyduck-Huth. 80 Seiten, geb
Kaufmann/Patmos

Regine Schindler
Gott, ich kann mit dir reden
Gebete, die uns begleiten.
80 Seiten mit fünf doppelseitigen, farbigen Bildern von Helga Aichinger, geb, EK 0456
Kaufmann/Patmos

Projektgruppe Glaubensinformation in Zusammenarbeit mit Prof. Helmut Thielicke
Wer glaubt, lernt leben
Briefe an junge Eltern.
194 Seiten, kart

Regine Schindler
Erziehen zur Hoffnung
Ein Elternbuch zur religiösen Erziehung.
176 Seiten, kart
Kaufmann/TVZ

Friedrich Hoffmann
Bilderbibel
Mit 39 zweifarbigen und 52 vierfarbigen Bildern von Frère Eric de Saussure von der Communauté de Taizé.
280 Seiten, geb

Alfred und Regine Schindler
**Unser Kind ist getauft –
Ein Weg beginnt**
56 Seiten mit 11 Fotos, kart

VERLAG
ERNST KAUFMANN